KB078186

6가지 백신이
세계사를 바꾸었다

6가지 백신이
세계사를 바꾸었다

김서형 지음

Indian Ocean

Oceania

살림

의학과 과학이 바꾼 인류의 역사

1980년 5월 8일, 세계보건기구World Health Organization, WHO는 다음과 같은 내용을 공식적으로 선언했다.

"전 세계의 모든 민족이 천연두로부터 자유를 얻었다."

이는 3,000년 이상 인류를 괴롭혔고, 20세기에만도 3억 명 이상의 목숨을 앗아갔던 천연두의 박멸을 알리는 것이었다. WHO는 천연두를 근절시키기 위해 10년 동안 5억 번 이상의 백신 접종을 실시했다. 이러한 꾸준한 백신 접종 덕분에 치명적인 유행성 전염병을 인류 역사상 최초로 통제할 수 있게 된 것이다.

이러한 점에서 본다면, 천연두 박멸에 무엇보다 중요한 역할을 담당했던 것은 바로 백신이라고 할 수 있다.

백신은 인간이나 동물에게 특정 질병 또는 병원체에 대해 후천성 면역을 부여하는 의약품을 의미한다. 인체의 면역 반응은 크게 선천성 면역과 후천성 면역으로 구분될 수 있다. 후천성 면역의 특징 가운데 한 가지는 바로 면역 기억이다. 이전에 인체에 침투했던 병원체의 정보를 기억했다가 후일 같은 병원체에 감염되면 빠른 면역 반응이 발생할 수 있도록 유도하는 것이다. 이런 면역 기억을 이용해서 질병을 예방하는 것이 백신이다. 병원성은 없지만, 특정 병원체에 대한 항원을 인체에 주입하여 병원체에 대한 기억 림프구를 생성하도록 한다.

인류는 치명적인 유행성 전염병을 통제하고 치료하기 위해 백신을 이용했다. 과거에 사용했던 백신은 크게 두 종류로 구분될 수 있다. 한 가지는 인두법이고, 다른 한 가지는 우두법이다. 이는 모두 천연두를 예방하기 위한 방법이었다. 중국에서는 15세기경부터 천연두 환자의 상처 딱지를 가루로 만들어서 이를 코로 흡입하는 방법을 통해 천연두에 대한 면역력을 얻고자 했다. 당시 의사들은 한 번 천연두에 걸리면 다시 걸리지 않는다는 사실을 알고 있었다. 그 결과, 사람들은 경미하게 천연두에 걸린 후 회복되었다.

이슬람제국에서는 인두법이 유행했다. 건강한 사람의 팔에 칼로 상처를 낸 다음, 천연두 환자로부터 얻은 농포를 주입했다. 이러한 방법은 상당한 효과가 있었지만, 완전한 방법은 아니었다. 여전히 많은 사람들이 천연두로 사망했다.

인두법에 대한 대안은 우리에게도 잘 알려진 영국 의사 에드워드 제너Edward Jenner의 우두법이다. 그는 소의 젖을 짜면서 우두cowpox에 걸리면 나중에 천연두에 걸리지 않는다는 이야기를 들었다. 그래서 사람에게 우두 균을 접종하면 천연두를 예방할 수 있다는 가설을 세웠다.

1796년 5월 14일, 제너는 인류 역사상 매우 중요한 실험을 했다. 제임스 핍스James Phipps에게 우두 균을 접종한 것이다. 그는 소년이 우두에 먼저 걸리게 한 다음 천연두 균을 접종했다. 그리고 자신의 가설처럼 천연두에 걸리지 않는다는 사실을 입증했다. 제너의 우두법 덕분에 당시 유럽을 휩쓸었던 천연두로부터 많은 사람이 목숨을 구할 수 있었다. 그리고 제너의 우두법은 백신의 기원이 되었다.

이후 인류 역사 속에서 치명적인 유행성 전염병을 통제하기 위한 여러 가지 백신이 개발되었다. 흔히 제1세대 백신이라 부르는 제너의 백신은 우두가 천연두와 유사한 항원결정부위를 가지지만, 인간에게는 치명적인 영향을 미치지 않기 때문에 가능한 것이었다. 이렇게 목표 병원체와 유사하지만, 병원성이 낮은 병원체를 이용한 백신을 이종백신(heterotypicvaccine)이라고 부른다.

제2세대 백신은 천연두를 넘어 다른 유행성 전염병을 통제하기 위해 개발된 백신들이다. 프랑스 과학자 루이 파스퇴르Louis Paster는 광견병, 콜레라, 탄저병 백신 등을 개발했다. 그는 배양한 병원체를 죽이고, 항원의 특징을 그대로 유지하여 만든 사백신(inactivatedvaccine)을 이용했다. 그전까지는 독성이 없는 병원체를 이용한 질병 예방 방법을 '백신'이라고 부르지 않았지만, 파스퇴르는 제너의 업적을 기리기 위해 자신이 개발한 예방법에 '백신'이라는 이름을 붙였다. 이것이 백신의 유래다.

이후 과학과 의학의 발전과 더불어 다양한 유행성 전염병 백신이 개발되었다. 20세기 후반까지 미국을 비롯해 전 세계적으로 치명적인 유행성 전염병이었던 소아마비는 백신 개발 전에 사망자 수가 35만 명 이상이었지만, 오늘날에는 100명이 채 되지 않는다.

병원체를 죽이지 않고, 약독화된 상태로 주입해서 병을 일으키지 않도록 하는 생백신(attenuated vaccine)도 개발되었는데, 대표적인 것으로는 홍역과 유행성 이하선염 그리고 풍진을 예방하는 MMR 백신을 들 수 있다.

2019년 12월에 중국 우한에서 처음 발생해 전 세계적으로 확산된 유행성 전염병인 코로나바이러스감염증19(이하 코로나19)는 세계적 이슈다.

2020년 10월 27일 현재, 전 세계적으로 확진환자의 수는 4,200만 명 이상이며, 사망자 수는 115만 명 이상이다. 코로나19의 원인인 코로나 바이러스는 감기를 유발하는 3대 바이러스 가운데 하나이지만, 새로운 유형의 바이러스 때문에 백신이나 치료제가 아직 개발되지 않은 상태다. 따라서 코로나19 환자로 확진되면 대증치료를 통한 치료밖에 없는 상황이다.

최근 미국 제약사 길리어드 사이언스Gilead Sciences에서 에볼라 치료제인 렘데시비르Remdesivir가 코로나19 환자의 회복 기간을 줄였다는 연구 결과를 발표했다. 이로 인해 렘데시비르가 가장 주목받는 코로나19 치료제로 관심을 받고 있다. 2020년 8월, 러시아에서도 코로나19 백신인 '스푸트니크VSputnik V'를 개발했다. 하지만 백신의 효과 및 안전성을 검증하기 위한 세 차례의 임상시험을 제대로 실시하지 않았기 때문에 백신을 둘러싼 논란이 제기되고 있다.

치명적인 유행성 전염병은 오랫동안 인류를 괴롭혀왔다. 그리고 이를 통제하고 치료하기 위한 인류의 노력 역시 오랫동안 나타났다. 백신은 이러한 부단한 노력 가운데 하나다. 18세기 말에 개발된 백신 덕분에 수많은 사람들은 천연두나 홍역, 콜레라, 결핵, 광견병, 소아마비 등 치명적인 유행성 전염병으로부터 목숨을 구할 수 있었다. 백신을 통해 유행성 전염병을 치료하려는 노력은 코로나19가 만연하고 있는 현재에도 크게 다르지 않다.

이 책에서는 인류 역사 속에서 최초로 등장한 백신을 비롯해 인류 역사를 크게 바꾸어놓은 여섯 가지 백신을 살펴본다. 이로 인해 세계사에 나타난 변화를 읽는다. 더 나아가 시대마다 백신을 둘러싼 논란까지 다루었다. 지금까지 정치나 경제, 문화 등을 중심으로 한 시대의 역사를 살펴보고자 했던 시도에서 벗어나 유행성 전염병과 백신의 관계를 통해 세계사를 새롭게 조망하려는 것이다. 이는 코로나19가 전체 인류에게 치명적인 영향을 미치고 있는 오늘날 현대사회의 모습을 가장 잘 반영하는 것이라 할 수 있다.

2020년 겨울 초입,
김서형

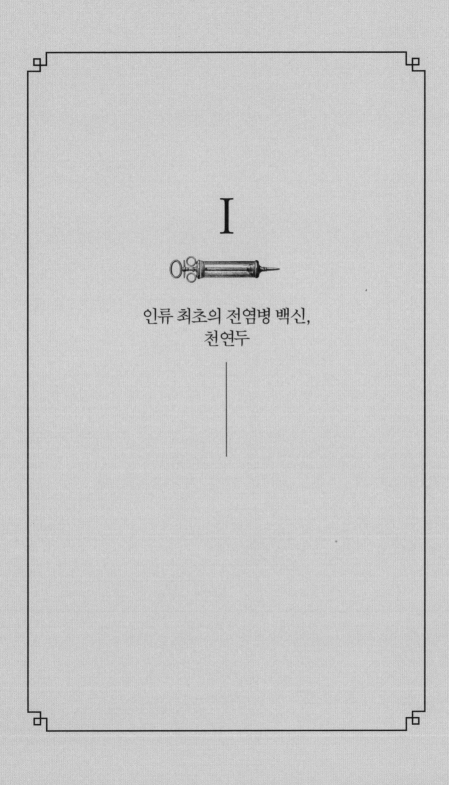

I

인류 최초의 전염병 백신,
천연두

1. 천연두 대통령, 토머스 제퍼슨

귀하가 기꺼이 보내주신 백신 접종 발견에 관한 전체적인 증거 사본을 받았습니다. 이에 저는 진심으로 감사드립니다. 백신이 초기 접종자들 사이에서 효과가 있었기 때문에 저는 일찌감치 자국민에게도 추천했습니다. 저는 당신 덕분에 전체 인류의 가족으로부터 감사를 받게 되었습니다.

의학은 한 번도 이러한 유용성을 향상시키지 못했습니다. 하비의 혈액 순환 발견은 동물계 경제에 대한 우리 지식을 발전시켰지만, 그 시대 이전과 이후의 의학을 고찰한다면 이러한 발견 이후 개선된 점이 없습니다. 하지만 당신은 인류가 가진 고난의 달력에서 가장 큰 것 중 한 가지를 지워버렸습니다.

당신의 발견 덕분에 인류는 당신의 존재를 결코 잊을 수 없습니다. 미래에 여러 국가는 인류 역사 속에서 끔찍한 천연두가 존재했고 당신이 이를 박멸했다는 사실을 알게 될 것입니다. 당신의 건강과 행복을 기원하는 제 소망과 큰 존경과 배려를 부디 받아주십시오.

1806년 5월 14일, 토머스 제퍼슨

미국 사우스다코타주의 러시모어산에는 거대한 바위들이 있다. 높이가 무려 18미터 이상인 화강암이다.

여기에는 미국 역사상 가장 위대한 대통령 네 명의 얼굴이 조각되어 있다. 미국 초대 대통령인 조지 워싱턴George Washington과 에이브러햄 링컨Abraham Lincoln, 시어도어 루스벨트Theodore Roosevelt, 토머스 제퍼슨Thomas Jefferson이다.

1776년 6월, 아메리카 13개 식민지 대표들은 본국인 영국과의 완전한 분리를 원해 독립선언서를 작성하고자 했다. 기초위원회에서는 당대 최고 문필가였던 벤저민 프랭클린Benjamin Franklin과 존 애덤스John Adams, 로버트 리빙스턴Robert R. Livingston, 로저 셔먼Roger Sherman, 그리고 토머스 제퍼슨에게 독립선언서 작성을 부탁했다. 이 시기에 토머스 제퍼슨은 다른 사람들에 비해 정치적 영향력이 별로 없었다. 하지만 독립선언서의 초안 대부분은 그가 작성했다.

모든 사람은 평등하게 창조되었고, 창조주는 몇 개의 양도할 수 없는 권리를 부여했으며, 그 권리 중에는 생명과 자유와 행복의 추구가 있다.

■ **러시모어산에 새겨진 네 명의 대통령**
러시모어산은 미국 사우스다코타주 남서부에 위치한 블랙힐스에 있는 산으로 미국의 위대한 네 명의 대통령을 조각한 것으로 유명하다. 왼쪽부터 조지 워싱턴, 토머스 제퍼슨, 시어도어 루스벨트, 에이브러햄 링컨이다.

이 권리를 확보하기 위해 인류는 정부를 조직했으며, 이 정부의 정당한 권력은 인민의 동의로부터 유래한다.

우리에게도 잘 알려진 독립선언서의 이 내용은 제퍼슨이 작성했다. 이후 제퍼슨은 미국 민주주의를 상징하는 인물로 부상했다.

그는 조지 워싱턴 행정부에서 초대 국무부 장관을 역임했다. 1800년에는 대통령 선거에서 미국 제3대 대통령으로 선출되었다.

당시 대통령 선거와 관련해 한 가지 일화가 전해진다. 후보자의 득표수에 따라 대통령과 부통령이 선출되는 방식이었는데, 공화파의 후보로 출마했던 제퍼슨과 애런 버Aaron Burr가 73표로 동일한 표를 얻었다. 여러 차례 투표했지만 도저히 승자를 판가름할 수 없었다.

결국 알렉산더 해밀턴^{Alexander Hamilton}이 '버보다는 차라리 제퍼슨이 낫다'고 하면서 연방파 의원들에게 영향력을 행사했다. 그 결과, 제퍼슨은 대통령에 당선될 수 있었다. 하지만 버와 해밀턴의 관계는 극도로 악화되었다. 결국 버가 해밀턴에게 결투를 신청했고 이 결투에서 해밀턴이 사망했다.

대통령으로 당선된 제퍼슨의 가장 큰 업적은 무엇보다도 미국의 영토 확장이었다. 1803년 제퍼슨은 한 번의 서명으로 미국의 영토를 두 배 이상 확대시켰다. 1803년에 연방 정부는 프랑스로부터 약 200만 제곱킬로미터에 달하는 루이지애나를 1,500만 달러에 구입했다. 이를 두고 역사학자들은 '미국 역사상 가장 현명한 구매 가운데 하나'라고 일컫는다.

당시 북서부 지역의 농민들은 주로 미시시피강을 이용해 보스턴이나 뉴욕 등으로 농작물을 운반했다. 이 강을 통과하려면 강 입구의 뉴올리언스를 지나야만 했다. 하지만 당시 뉴올리언스는 프랑스 영토였기 때문에 농민들은 이곳을 지날 때마다 통행세를 냈다. 이를 둘러싸고 농민들의 불만이 고조되자 제퍼슨은 의회로부터 뉴올리언스 매각을 허락받았다.

이 시기에 프랑스를 지배했던 사람은 나폴레옹 보나파르트^{Napoléon Bonaparte}다. 그는 미국령 루이지애나를 기반으로 강력한 프랑스를 재건하고자 했지만 현실은 그의 마음처럼 되지 않았다. 1791년 8월 22일, 프랑스 식민지인 생도맹그에서 혁명이 발생해 노예제도가 폐지되고 아프리카 원주민들이 지배하는 최초의 공화국이 탄생했다. 바로 '아

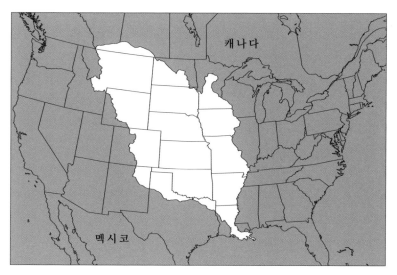

■ **루이지애나 매입**
'미국 역사상 가장 현명한 구매 가운데 하나'로 일컬어진다. 1803년 루이지애나 매입으로 당시 미국의 영토는 두 배 이상 확장되었고, 서부로 진출할 수 있는 기반이 마련되었다. 지도에서 흰색 부분이 매입한 영역이다.

이티 혁명'이다. 나폴레옹은 아이티 혁명을 진압해야 했고 영국과의 전쟁도 준비해야 했다.

이때 미국에서 뉴올리언스 매각을 협상하기 위해 파견된 사절단이 방문했다. 아이티 혁명 때문에 골치 아팠던 나폴레옹은 놀라운 제안을 했다. 뉴올리언스뿐만 아니라 루이지애나 전체를 매각할 의사가 있다고 한 것이다. 그는 루이지애나를 매각해 영국과의 전쟁 군비를 확충할 계획을 세우고 있었다.

의회의 승인 없이 영토를 구매할 수 없었지만, 루이지애나 매각은 매우 달콤한 유혹이었다. 결국 사절단은 영토를 구입하기로 결심했다. 의회 비준과 1,500만 달러의 대금을 준비하는 과정은 그야말로 고

난의 연속이었다. 하지만 제퍼슨은 "미국 대통령은 외국과의 조약을 체결할 수 있는 권한이 있다. 루이지애나 매입 협정은 일종의 조약이다"라고 주장했다. 결국 1803년 말, 이 협정은 하원에서 90대 25, 상원에서 26대 5로 비준되었다.

루이지애나 면적은 한반도 전체 면적의 약 10배에 달한다. 1제곱킬로미터당 7달러의 가격에 팔린 셈이다. 그래서 루이지애나는 '인류 역사상 가장 황당하게 판매된 땅'이라 불리기도 한다. 일단 엄청난 땅을 매입했지만 당시 미국뿐만 아니라 프랑스조차 루이지애나에 관해 아는 것이 거의 없었다. 아프리카의 사하라사막처럼 쓸모없는 땅이라는 소문이 무성하자 미국 국민들 사이에서 쓸데없는 황무지 구매에 세금을 낭비한다는 맹비난이 제기되기도 했다.

하지만 오늘날 미국 지도를 들여다보면 루이지애나는 15개의 주에 걸쳐 있는 광범위한 영토다. 미주리, 아칸소, 아이오와, 네브래스카, 오클라호마, 사우스다코타, 몬태나, 캔자스, 와이오밍, 루이지애나, 미네소타, 콜로라도, 노스다코타, 뉴멕시코 그리고 텍사스의 일부가 여기에 해당한다. 19세기 초에는 미국 영토의 절반을 차지했다.

이 거대한 영토를 획득하면서 미국은 서쪽으로 팽창할 수 있는 기반을 마련할 수 있었다. 루이지애나 매입을 계기로 본격적인 서부 개척 시대가 도래한다. 미국의 영토가 태평양까지 이르면서 미국은 아메리카의 유일한 강대국으로 부상했다. 오늘날 초강대국이 된 미국의 영향력은 바로 제퍼슨의 업적에서 기인했다고 봐도 무방하다.

제퍼슨의 업적은 비단 영토 확장에만 국한되지 않는다. 1779년에 제정된 '버지니아 종교 자유법Virginia Statue for Religious Freedom'에는 제퍼슨의 종교적 신념이 잘 반영되어 있다. 그는 "어느 누구도 특정한 종교의 예배나 장소, 성직자에 대한 참석 혹은 지지를 강요받지 않아야 하며, 어느 누구도 이와 관련해 자신의 신체나 재산에 대해 강요나 억제, 폭력, 부담을 받지 않아야 하고, 자신의 종교적 의견이나 믿음 때문에 고통 받지 않아야 한다"고 주장했다. 종교에 대한 제퍼슨의 이와 같은 생각은 후일 자유로운 종교 활동을 방해하는 것을 금지하는 연방헌법 수정 조항 제1조가 제정되는 데 많은 영향을 미쳤다.

하지만 제퍼슨 시대는 이렇게 영토 확장과 종교 자유를 비롯한 영화(榮華)만 있었던 것은 아니다. 당시 미국에는 치명적인 유행성 전염병이 빈번하게 창궐했다. 바로 천연두였다. 아메리카에서 천연두가 발생한 것은 15세기 말 이탈리아 탐험가 크리스토퍼 콜럼버스^{Christopher Columbus}의 항해 이후 유럽인이 이주하면서부터다. 유럽인이 도착하기 전 아메리카에는 잉카나 아즈텍 등 수준 높은 문명이 발달한 제국들이 존재했다. 하지만 유럽인의 이동 이후 이러한 제국들은 몰락하고 말았다. 치명적인 전염병, 특히 천연두 때문이었다.

16세기에 아메리카 원주민들에게 천연두는 아프로-유라시아의 낯선 전염병이었다. 이들에게는 아무런 면역력이 없었고, 전염병이 발생하고 빠르게 확산하면서 사망자가 급증했다. 1520년 4월 23일에 에스파냐 군인 판필로 데 나르바에스^{Panfilo de Narvaez}가 멕시코 베라크루즈에 도착했는데, 이때 아메리카 최초로 천연두가 발생했다.

이후 천연두는 중남 아메리카에 급속하게 확산되었다. 1521년 에르난 코르테스^{Hernan Cortes}가 오늘날의 멕시코시티인 테노치티틀란을 점령했을 당시 아즈텍 군대에는 천연두가 만연해 있었다.

아즈텍 국민의 4분의 1 이상이 천연두에 걸린 것이다. 이 상황을 목격한 어느 스페인 사람은 이렇게 묘사했다.

"아메리카 원주민은 이 질병의 치료법을 알지 못한다. 그래서 그들은 마치 빈대처럼 짚더미에서 죽어가고 있다. 집 안에서 모든 사람이 죽었고, 이들을 모두 묻을 수 없어서 그냥 집이 무덤이 되어버렸다."

잉카제국에 미친 천연두의 영향은 훨씬 더 끔찍했다. 13세기 초 페루의 한 고원에서 시작된 잉카제국은 오늘날 에콰도르와 페루, 볼리비아 북부 지역 등 안데스 고원지대를 지배한 강력한 제국이었다. 이 넓은 영토를 효율적으로 통치하기 위해 잉카제국은 도로를 건설했다. 해발 500미터 이상의 고원에 건설된 도로는 '잉카 왕도Camino Inca'라고 불렸다. 이 도로를 통해 황제는 여러 지역에서 산물을 거두고 활발한 정복 전쟁을 벌였다. 다른 한편으로 도로는 치명적인 전염병의 확산에 중요한 매개가 되었다.

몇 달 사이에 천연두는 잉카제국 전역으로 급속히 확산되었다. 당시 잉카제국의 제11대 황제 우아이나 카팍Huayna Capac을 비롯해 수많은 사람이 천연두로 사망했다. 살아남은 그의 두 아들은 권력 분쟁을 벌였는데, 이 싸움에서 아타우알파Atahualpa가 승리했다. 하지만 아타우알파는 에스파냐 식민지 정복자 프란시스코 피사로Francisco Pizarro의 포로가 되었고, 결국 처형당했다. 그 후 몇 년 이내에 천연두로 잉카제국 전체 인구의 60~90퍼센트가 사라져버렸다.

이처럼 남아메리카의 거대한 제국을 몰락시킨 치명적인 전염병은

17세기경 유럽인의 식민화와 더불어 이제 북아메리카로 이동했다.

하나님의 영광과 기독교 신앙의 진흥 및 국왕과 국가의 명예를 위해 버지니아 북부에 최초의 식민지를 건설할 수 있도록 항해를 계획했다. 개척지에서 질서와 유지, 위의 목적을 촉진하기 위해 하나님과 사람들 앞에서 엄숙하게 계약을 체결하며, 우리 스스로 민간 정치체제를 결성할 것을 결정했다.
이것을 제정해 우리 식민지의 총체적인 이익을 위해 식민지 사정에 가장 부합하다고 생각되는 정당하고 평등한 법률, 조례, 헌법과 직책을 만들어 우리 모두 당연히 복종과 순종할 것을 약속한다.

위의 글은 '메이플라워 서약Mayflower Compact'의 일부분이다. 1620년 9월 16일, 잉글랜드 남서부에 위치한 플리머스에서 한 척의 선박이 항해를 시작했다. 바로 메이플라워호였다. 이 선박에는 36명의 청교도와 66명의 일반 이주민이 탑승하고 있었다. 항로를 이탈하는 바람에 12월 21일에 가까스로 오늘날 매사추세츠 플리머스에 도착했다. 탑승자의 절반 이상은 괴혈병과 추위로 사망했는데, 이 가운데 20명은 선박 안에서 발생한 천연두로 죽었다.

기록에 따르면, 1633년에 매사추세츠주 플리머스 식민지에서 북아메리카 최초의 천연두가 발생해 당시 유일한 의사를 포함한 20명이 사망했다. 하지만 천연두는 식민지인보다 북아메리카 원주민에게 더 치명적인 영향을 미쳤다. 당시 천연두의 창궐을 목격한 뉴잉글랜드의 어느 식민지인은 "모든 사람이 쓰러져서 북아메리카 원주민은 불을 피우거나 물을 마실 수 없었고, 죽은 사람을 매장할 수도 없었다"고 기록했다.

　어떤 식민지인들은 천연두를 '신의 선물'이라 생각하기도 했다. 당시 식민지인과 북아메리카 원주민 사이에 영토 분쟁이 빈번했기 때문이다. 그래서 이들은 천연두야말로 북아메리카 원주민과의 영토 분쟁을 해결할 수 있는 '하나님의 선물'이라고 믿었다.

　잉카제국이나 아즈텍제국 원주민과 마찬가지로 대부분의 북아메리카 원주민 역시 천연두에 대한 면역력이 없었다. 오늘날 역사학자들은 치명적인 천연두가 매사추세츠를 휩쓸면서 당시 이 지역에 살고 있던 북아메리카 원주민의 3분의 2 이상이 사망한 것으로 추정하고 있다.

　1730년대가 되면 천연두는 북아메리카에서 더욱 만연했다. 캐나다 남부 지역을 흐르는 아시니보인강 주변에는 원래 북아메리카 대평원 지역에서 유래한 아시니보인 부족이 살고 있었다. 오늘날 이 부족은 '서스캐처원 부족'으로 불리기도 한다. 이들은 넓은 영토를 지배하고 있었지만, 당시 창궐한 천연두 때문에 인구가 감소하면서 영토의 상당 부분을 포기해야만 했다.

　미주리강 주변의 다코타 지역에 살고 있던 아리카라 부족은 천연두 때문에 전체 인구가 절반 이하로 감소했다. 북아메리카 원주민 가운데 유일하게 문자를 가지고 있었던 체로키 부족도 천연두 때문에 17세기 중반에 2만 2,000명 정도였던 인구가 절반으로 줄었다.

　따라서 천연두는 18세기 동안 미국 사회에서 가장 치명적인 전염병 가운데 하나였다. 이미 18세기 초에 중동에서 유럽으로 천연두 예방

■ 「오달리스크와 노예」
장 오귀스트 도미니크 앵그르(Jean Auguste Dominique Ingres)의 1842년 작품이다. 신고전주의 화가 앵그르는 오리엔탈리즘에 관심이 많았는데, 「오달리스크와 노예」는 메리 몬터규가 상세하게 묘사한 오리엔탈의 아름다움에 영감을 받아 그린 작품이다.

접종 방법이 소개되었고, 이는 아메리카 식민지에도 알려졌다. 기록에 따르면, 영국 시인 메리 몬터규Mary Wortley Montagu는 투르크 대사가 된 남편을 따라 이스탄불로 이주했다가 그곳에서 신기한 광경을 목격했다. 사람들이 팔에 일부러 상처를 낸 다음 천연두에 걸린 사람의 고름을 넣고 호두 껍데기로 문질러서 천연두를 예방했던 것이다.

메리는 이 방법으로 자신의 아들에게 천연두 예방접종을 했고, 그 내용을 영국 왕실에도 전했다. 하지만 확실한 효과가 입증되지 않아 초기에 천연두 예방접종은 주로 빈민이나 죄수를 대상으로 시행했다. 효과가 입증된 뒤로는 천연두 예방접종이 점차 확산되었다. 하지만 당시에는 위생 상태가 별로 좋지 않아 예방접종을 받다가 오히려 천연두에 걸려 사망하는 사람도 많았다.

미국 사회에서 천연두 예방접종은 크게 환영받지 못했다. 사람들은 천연두 예방접종이 유행성 전염병의 확산을 막는 대신 오히려 질병을 퍼뜨릴까 봐 두려워했다. 여전히 많은 사람이 천연두는 신이 인간에게 내리는 벌이라고 생각했고, 예방접종은 이러한 벌을 피하는 방법이기 때문에 신의 의지에 반(反)하는 것이라고 믿었다.

이러한 미국 사회의 분위기를 잘 보여주는 것이 1768년에 발생한 '버지니아 노포크 백신 반대 폭동'이다. 당시 아치볼드 캠벨Archibald Campbell 박사는 장차 시장이 될 코르넬리우스 캘버트Cornelius Calvert 가족과 스코틀랜드 이민자 가족들에게 천연두 예방접종을 실시했다. 접종에 반대하는 사람들은 이에 항의했지만, 당시 버지니아 법에 따르면 예방접종은 불법이 아니었다.

이후 캘버트가 소유한 선박은 더 많은 천연두 백신을 노포크로 가져왔다. 다른 사람들에게도 천연두 백신을 접종하자 광분한 폭도들이 캠벨의 집에 불을 질렀다. 결국 1770년 6월 27일, 버지니아 하원에서는 천연두 예방접종을 규제하는 법안을 제정했고, 버지니아에서는 천연두 예방접종을 금지시켰다.

당시 제퍼슨은 캠벨 박사를 비롯해 폭동 희생자들을 적극적으로 옹호했다. 1770년에 그는 톰슨 메이슨Thompson Mason과 함께 폭도들을 기소했고, 이들 가운데 일부는 결국 유죄 판결을 받았다. 제퍼슨은 1766년에 필라델피아로 여행을 떠났는데, 당시 펜실베이니아를 비롯해 메릴랜드, 뉴저지 등 중부 지역은 매사추세츠나 버지니아에 비해 천연두 예방접종에 다소 관대한 편이었다. 그 여행의 목적 가운데 하나는 바로 천연두 예방접종이었다. 그의 부인 마사 제퍼슨^{Martha Jefferson}이 천연두 예방접종을 받았는지 확실하지 않지만, 그의 두 딸은 분명히 천연두 예방접종을 받았다.

제퍼슨은 초기부터 천연두 예방접종을 적극적으로 옹호했다. 대통령이 된 뒤에는 천연두 예방접종을 미국 전역으로 확대시키려고 노력했다. 1801년에는 몬티첼로에 거주하는 자신의 사위와 이웃, 노예 등 약 200명을 대상으로 천연두 예방접종을 시행했고, 이후 더 많은 예방접종 자원자를 모집하려고 애썼다.

1803년에 루이지애나를 매입한 뒤 제퍼슨은 이 지역의 동식물 분포와 아메리카 원주민 등을 조사하기 위한 탐험을 실시했다. 일명 '루이스와 클라크의 탐험'이다. 메리웨더 루이스^{Meriwether Lewis}와 윌리엄 클라크^{William Clark}의 임무는 40명의 탐험대를 이끌고 로키산맥을 넘어 태평양에 도착하는 것이었다. 1804년 5월, 미주리강을 따라 탐험이 시작되었다. 탐험대는 오늘날 노스다코타에 해당하는 지역에서 만단족과 겨울을 보냈고, 1805년 11월 7일에 드디어 오리건주와 태평양에 도달했다.

루이스와 클라크의 탐험으로 미국은 아메리카 원주민을 비롯해 지리, 광물, 야생동물과 야생식물에 관한 정보를 축적해 서부를 점령하는 기본 토대를 마련했다.

놀랍게도 당시 루이스는 천연두 예방접종 혈청을 늘 지니고 다녔다. 자신과 만나는 북아메리카 원주민에게 접종하고자 했던 것이다. 이들이 노스다코타에 도착했을 당시는 겨울이어서 혈청을 사용할 수 없었지만, 미국 국민과 북아메리카 원주민까지 천연두를 예방하고자 했던 제퍼슨의 노력을 짐작할 수 있다. 이러한 점에서 제퍼슨은 그야 말로 '천연두 대통령'이라 할 수 있다.

2. 최초의 팬데믹, 갈레노스 역병

최근 미국 엔터테인먼트 매체 '벌처Vulture'가 2020년에 전 세계적으로 확산된 코로나19와 관련해 대표적인 전염병 영화 11편을 소개했다. 여기에는 2013년에 개봉된 김성수 감독의 〈감기〉도 포함되어 있다. 호흡기로 전염되는 사상 최악의 바이러스가 갑자기 발생했다. 그야말로 치사율은 100퍼센트였다. 전 세계적인 확산을 막기 위해 도시는 폐쇄되고 격리된 사람들은 살아남기 위해 사투를 벌인다. 마침내 가까스로 백신을 개발해 최악의 위기를 넘기면서 영화는 막을 내린다.

전 세계적으로 확산되는 유행성 전염병을 우리는 '팬데믹(pandemic)'이라고 부른다. '모두'를 뜻하는 그리스어 '팬(pan)'과 '사람'을 뜻하는 '데모스(demos)'가 결합된 단어다. 팬데믹은 일반적인 질병과는 달리 한 지역이나 국가에만 국한되지 않고, 전 대륙 또는 전 지구적으로 널리 확산되기 때문에 사망률과 치사율이 매우 높다. WHO의 전염병 경보 단계 중 최고 위험 등급에 해당한다.

WHO에서는 전염병 경보 단계를 크게 여섯 단계로 구분한다. 1단계는 인간에게 감염을 유발하는 바이러스가 아직 보고되지 않은 단계다. 2단계는 가축들 사이에서 발생한 바이러스가 인간에게 감염을 유발한다는 것이 알려져 이것이 팬데믹으로 발전할 수 있다고 인식한 상태다. 3단계는 소수의 사람들 사이에서 질병이 발생하지만 사람 간 전염이 발생하지 않은 상태를 가리킨다. 4단계는 공동체 단위에서 질병이 발생하여 팬데믹으로 발전할 가능성이 높은 상태다. 5단계는 WHO에 가입한 국가들 가운데 최소 두 개 이상의 국가에서 사람 간 전염이 발생한 상태다. 마지막으로 6단계는 다른 국가에서도 질병이 발생해 전 지구적으로 확산될 가능성이 있는 상태를 뜻한다. 2020년 3월 11일, WHO는 코로나19에 대해 팬데믹을 선포했다. 1968년 홍콩인플루엔자와 2009년 신종플루에 이어 세 번째다.

홍콩인플루엔자는 인플루엔자바이러스 A형의 H_3N_2 아형에 의해 발생했다. 이는 H_2N_2 유전자가 새로운 바이러스를 복제하는 과정에서 만들어진 변이였다. 이것으로 당시 전 세계적으로 100만 명 이상 발생했다고 한다.

2009년에 전 세계에 유행한 신종플루도 인플루엔자바이러스 A형이 변이를 일으켜 생성된 신종인플루엔자 A(H1N1) 때문에 발생했다. 당시 214개국 이상에서 발생해 1만 8,000명 이상이 사망했다. 이 밖에도 인류 역사 속에서 팬데믹에 해당하는 전염병으로는 14세기에 유럽을 휩쓴 흑사병이나 제1차세계대전 기간에 발생한 '1918년 인플루엔자' 등을 들 수 있다.

그렇다면 인류 역사 속에서 발생한 최초의 팬데믹은 무엇일까? 역사학자들은 165년부터 180년 사이에 로마제국에서 발생한 역병이라고 생각한다. 역설적이게도 이 시기는 '팍스 로마나(Pax Romana)'였다. '팍스 로마나'는 기원전 27년부터 기원후 180년까지 로마 역사상 유례없는 평화로운 시기를 가리킨다. 이렇게 평화를 유지할 수 있었던 것은 무엇보다도 전쟁을 최소화했기 때문이다.

물론 전쟁이 아예 없었던 것은 아니다. 흔히 로마제국의 '오현제' 중 하나로 알려진 트라야누스^{Marcus Ulpius Trajanus} 황제는 적극적인 전쟁을 통해 로마제국의 최대 영토를 확보했고, 마르쿠스 아우렐리우스 안토니우스^{Marcus Aurelius Antonius} 황제도 통치 후반기에는 게르만족을 정복하기 위해 전선에서 대부분의 시간을 보냈다. 아우렐리우스 황제는 오현제의 마지막 황제였다. 161년에 그는 루키우스 베루스^{Lucius Verus} 황제와 함께 공동 황제가 되었다. 하지만 재위 첫해에 심각한 기근과 홍수가 발생했고 파르티아제국과의 전쟁이 발발했다.

파르티아제국은 원래 카스피해 남동 지역이 근거지였다. 이후 이란 북쪽 지역까지 영토를 확대시켰고, 바빌로니아와 메디아 등을 정복해 제국으로 발전했다. 이 제국은 고대의 중요한 글로벌 네트워크였던 실크로드에서 중국과 로마제국을 연결하는 '노드(node)'로 기능했다. 그러면서 서아시아 지역으로 영토를 확장하는 과정에서 로마제국과 끊임없이 경쟁했다.

로마제국과 파르티아제국의 분쟁은 아르메니아를 둘러싸고 발생했다. 소비에트연방에서 독립한 아르메니아는 기원전 13세기경에 번성한 우라루트의 후손이다. 당시 우라루트는 최초로 철기를 사용한 히타이트를 물리치고 제국을 세운 아시리아와 겨룰 정도로 강대국이었다. 하지만 점차 몰락하면서 오랫동안 페르시아의 지배를 받았다.

114년에 트라야누스 황제는 아르메니아를 로마제국의 속주로 삼았다. 하지만 아우렐리우스가 황제로 즉위하자마자 파르티아제국의 황제 볼로가세스 4세Vologases IV가 아르메니아에 주둔한 로마 군대를 공격했다. 이를 계기로 로마제국과 파르티아제국의 관계는 적대적으로 변했다.

처음에는 로마군 1개 군단이 전부 궤멸했고, 오늘날 터키 중부 아나톨리아 중동부 지역에 해당하는 카파도키아를 통치하던 세레리아누스Cererianus 총독이 자결했다. 결국 로마제국은 아르메니아를 빼앗겼다. 하지만 163년에 로마 장군 스타티우스 프리스쿠스Marcus Statius Priscus가 아르메니아에서 파르티아군을 몰아내고 로마에 호의적인 속국 정부를 수립했다. 아비디우스 카시우스Avidius Cassius 장군도 셀레우키아에서 파르티아군을 후퇴시켰다.

셀레우키아는 시리아왕국의 건국자인 셀레우코스 1세Seleucus I가 세운 그리스풍의 도시다. 티그리스강과 유프라테스강에 가까웠기 때문에 강을 이용한 상업과 교역이 발달했다. 번성기에 셀레우키아의 인구는 약 60만 명으로 추정되는데, 당시 로마의 인구가 약 100만 명 정도였으니 얼마나 큰 도시였는지 짐작할 수 있다.

그러던 어느 날 갑자기 셀레우키아에서 전염병이 발생했다. 전염병은 파르티아 군대로 급속하게 확산되었고 이들과 맞서 싸우던 로마 군대까지 전파되었다. 파르티아제국과의 전쟁에서 승리한 로마 군대가 로마제국으로 돌아가면서 지나간 모든 지역에서도 전염병이 휩쓸었다. 5세기의 한 스페인 작가에 따르면, 당시 이탈리아반도의 여러 도시와 마을 주민들이 전염병으로 전부 사망했다고 한다.

역병은 비단 이탈리아만 휩쓸고 지나가지 않았다. 라인강을 따라 북쪽으로 퍼지면서 로마제국 국경 밖에 있던 게르만족과 갈리아 부족에게도 영향을 미쳤다. 그야말로 한 지역을 넘어 여러 지역과 국가에서 발생한 팬데믹이었다.

역사학자들은 165년에 발생한 이 최초의 팬데믹을 '갈레노스 역병'이라고 부른다. 당시 로마제국에서 가장 유명한 의사는 클라우디오스 갈레노스Claudios Galenos였는데, 그가 이 역병에 관한 기록을 남기면서 그의 이름을 붙이게 되었다. 흔히 '의학의 황제'라고 불리는 갈레노스는 서양의학의 역사에서 해부학과 생리학, 진단법, 치료법에 이르기까지 상당한 영향력을 행사했다.

갈레노스는 129년 오늘날 터키에 해당하는 소아시아에서 태어났다. 열여섯 살부터 의학 수업을 받은 그는 로마로 유학을 떠나 아우렐리우스 황제의 명을 받고 왕자의 주치의가 되었다. 갈레노스는 고대 그리스 의사 히포크라테스Hippocrates가 주장한 4체액설을 믿었다. 4체액설은 인체가 혈액, 점액, 황담즙, 흑담즙으로 구성되어 있으며, 이들 사이의 불균형으로 질병이 발생한다는 것을 주된 내용으로 하고 있다.

갈레노스의 저서는 비단 로마제국에만 영향을 준 것이 아니었다. 이슬람 세계로 전파되면서 그 지역의 의학 발전에도 지대한 영향을

■ **클라우디오스 갈레노스**
페르가몬 출신의 로마제국 의사다. 1,000년 이상 해부학, 생리학 치료법 등 서양의학의 여러 분야에 영향을 미쳤고 이슬람 세계에도 알려졌다.

미쳤다. 9세기경 이슬람 의사 후나인 이븐 이스하크Hunayan Ibn Ishaq는 고대 그리스의 여러 저서를 아랍어로 번역했는데, 여기에는 갈레노스의 저서들도 포함되어 있다.

아랍어로 번역된 갈레노스의 저서들은 11세기에 발생한 십자군전쟁을 계기로 다시 유럽으로 전파되었다. 11세기 후반, 수도사 콘스탄티누스 아프리카누스Constantinus Africanus가 이슬람 의학서를 라틴어로 번역하면서 갈레노스의 저서들도 라틴어로 번역되었다. 근대 의학이 발전하기 전까지 그의 사상은 유럽 의학 분야에서 절대적이었다.

165년에 원인을 알 수 없는 전염병이 발생했을 때 갈레노스는 이에 관해 기록을 남겼다. 그는 이 전염병에 걸리면 열이 나고 설사를 하고 몸이 붓는다고 기록했다. 설사가 거무스름하게 보이는 것은 위장에서 출혈이 있기 때문이고, 심한 기침으로 악취도 난다고 기록했다. 역병

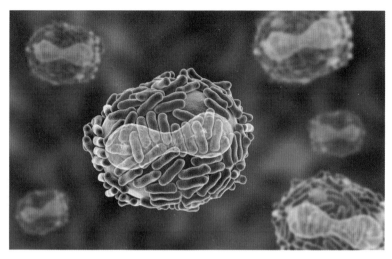

■ **천연두를 일으키는 두창 바이러스**
천연두는 두 종류의 두창 바이러스, 즉 베리올라 메이저와 베리올라 마이너에 의해 발생한다. 그림은 베리올라 메이저 바이러스 입자가 인지질막에 싸여 있는 복잡한 구조를 이룬다.

에 걸린 지 9일째 되는 날 발생하는 발진에 관해서도 언급했다. 발진의 일부가 딱지처럼 떨어지면 하루 이틀 뒤에 주변 부위가 회복된다고 했다. 그 이상은 자세하게 기록하지 않았지만, 오늘날 학자들은 이러한 기록을 토대로 이 역병을 천연두라고 추정한다.

천연두는 베리올라 메이저Variola major와 베리올라 마이너Variola minor라는 두 종류의 두창 바이러스 때문에 발생하는 감염성 전염병이다. 초기에 열과 구토 증상이 나타나고 피부 발진을 동반한다. 시간이 지나면 피부 발진이 발생한 곳에 물집과 딱지가 생긴다. 딱지가 떨어진 뒤에는 흉터가 남는다. 이러한 천연두의 특징은 갈레노스의 기록과 상당히 일치한다. 갈레노스는 이 역병에 걸린 사람들이 전부 사망한 것은 아니라고 기록했다. 가까스로 살아남은 사람들은 면역력이 생겨서 이 전염병이 발생해도 다시 걸리지는 않았다.

사실 천연두는 역사가 아주 오래된 전염병이다. 일부 학자들은 지금으로부터 약 1만 년 전에 아프리카 북동부 지역의 농경민들 사이에서 천연두가 발생한 것으로 추정한다. 이후 이집트 상인들에 의해 인도로 전파된 것으로 알려져 있다.

천연두와 관련된 가장 오래된 고고학적 증거는 이집트 파라오 람세스 5세Ramses V의 미라다. 람세스 5세는 4년 정도만 통치했고, 후계자인 람세스 6세Ramses VI에게 처형된 것으로 알려져 있었다. 하지만 1898년 람세스 5세의 미라가 복원될 때 얼굴에서 병변이 발견되었다. 이 병변이 천연두 흔적으로 밝혀지면서 그가 천연두로 사망한 것이 확인되었다.

천연두로 추정되는 '갈레노스 역병'으로 로마제국의 수많은 사람이 목숨을 잃었다. 역사학자 카시우스 디오Cassius Dio에 따르면, 하루 사망자 수는 약 2,000명에 달했다. 일부 지역에서는 전체 인구의 약 3분의 1이 천연두로 사망했다. 로마제국 전체에서는 약 5,000만 명이 사망한 것으로 추정된다. 제국 전체 인구의 7~10퍼센트에 해당하는 수치다.

천연두 사망자가 너무 많아 시체를 운반하는 차량이나 운송 수단을 확보하는 데 어려움이 있었다. 그래서 아우렐리우스 황제는 시체를 옮기거나 매장하는 방식도 새로 제정해야만 했다. 루시우스 베루스 황제도 천연두로 사망했다. 그는 로마-파르티아전쟁에 참전했다가 로마에 도착한 직후에 사망했다. 말 그대로 황제부터 일반 시민에 이르기까지 천연두를 피해갈 수 있는 사람은 아무도 없었다.

최초의 팬데믹은 단순히 로마제국의 인구 감소에만 영향을 미친 것이 아니다. 가장 직접적으로 타격을 받은 곳은 군대였다. 천연두가 발생했을 때 로마 군대는 28개의 군단, 약 15만 명의 장정으로 구성되어 있었다. 무장한 장정들도 천연두를 피해 갈 수는 없었다. 전염병에 걸린 군인들의 수가 급증하자 가장 먼저 갈리아 변경을 수비하던 병력 보급에 차질이 생겼다.

갈리아는 오늘날 이탈리아 북부와 프랑스, 벨기에 일대를 말한다. 반농반목(半農半牧) 생활을 하던 갈리아 부족은 필요한 물자를 얻기 위해 로마제국을 자주 침공했는데, 이 지역을 정복해 로마 영토로 삼은 사람은 바로 율리우스 카이사르^{Gaius Julius Caesar}였다. 로마 제정기 이후 급속하게 로마화가 진행되면서 이 지역은 로마제국에 더욱 중요해졌다. 포도주나 맥주, 치즈, 곡물 등을 생산하는 농업과 도자기, 직물 등을 제조하는 산업이 발전함에 따라 경제적으로 부유해졌기 때문이다. 하지만 아우렐리우스 황제 때부터 게르만족이 이 지역을 침공하면서 효율적으로 수비해야 할 필요성이 생겨났다.

치명적인 천연두 때문에 갈리아를 효과적으로 수비하지 못하게 되자 아우렐리우스 황제는 신분에 상관없이 건강한 남성이라면 누구나 군대에 입대할 수 있도록 했다.

원래 로마 보병대는 3개 대열, 즉 하스타티(Hastati)와 프린키페스(Principes), 트리아리이(Triarii)로 편성되었다.

하스타티는 전투대형에서 맨 앞에 있는 전위부대이며, 프린키페스는 두 번째 대열의 창병을 가리키고, 트리아리이는 갑옷을 입고 방패를 든 세 번째 전열을 말한다.

다시 말해, 프린키페스나 트리아리이는 창이나 갑옷, 방패 등을 구매할 수 있는 경제적 능력을 갖춘 사람들로 구성되었다. 하지만 이제는 해방 노예나 범죄자, 심지어 게르만족도 로마제국의 군인이 될 수 있었다. 모두 '갈레노스의 역병'인 천연두 덕분이었다.

군인이 된 또 다른 부류로는 검투사를 들 수 있다. 원래 검투사는 투기장에서 싸우는 전사로 고대 로마의 구경거리 가운데 하나였다. 검투사의 기원에 관해서는 정확하게 알려지지 않았다. 기록에 따르면, 가장 오래된 검투사 시합은 기원전 264년 마르쿠스 유니우스 브루투스Marcus Junius Brutus 형제가 아버지의 장례식을 기해 보아리움 광장에서 벌인 것으로 알려져 있다.

검투사 경기가 초기에는 추도를 목적으로 열렸지만, 점차 목적이 변질되면서 시민들의 오락거리로 전락했다. 로마제국의 영토 확장과 더불어 식민지에서 수많은 전쟁 포로가 유입되었는데, 바로 이들이 검투사로 활약하기 시작했다. 기원후 80년에 5만 명 정도를 수용할 수 있는 콜로세움이 완성되고 대규모의 검투사 시합이 열렸다. 당시 기록에 따르면, 하루에 무려 5,000마리 이상의 맹수가 검투사 시합으로 죽어 나갔다. 하지만 검투사의 군대 차출로 검투사 시합이 감소하자 큰 오락거리를 잃은 로마 시민들의 불만이 커져만 갔다.

하지만 더 큰 문제는 팬데믹으로 인구가 급속하게 감소하면서 로마제국의 수입이 감소한 것이다. 천연두 때문에 세금을 납부하는 사람이 줄어들자 제국은 심각한 재정 적자에 허덕였다. 토지를 경작할 노동력이 부족했고, 설사 경작할 수 있는 노동력이 있다 하더라도 대부분의 토지는 방치되어 황폐해졌다. 곡물 산출량이 감소하면서 곡물 가격이 급등하고 심각한 인플레이션이 발생했다.

상업과 교역에서도 마찬가지였다. 천연두 때문에 상인과 장인의 수가 감소하면서, 그 결과로 국내 및 국제 교역은 심각하게 파괴되었다. 특히 로마제국의 인도양 교역에 치명적인 타격을 입혔다. 고대 세계의 글로벌 네트워크인 실크로드를 통해 중국의 비단과 동남아시아의 향신료가 인도양을 통해 로마제국으로 유입되었다. 치명적인 천연두 때문에 이러한 교역이 완전히 중단된 것은 아니지만 지속적으로 감소세를 보였다.

이러한 점에서 '갈레노스 역병'은 단순히 로마제국의 인구만 감소시킨 것이 아니다. 천연두는 제국의 경제와 군사까지 모든 부문을 마비시켰다. 결국 아우렐리우스 황제 이후 오현제의 통치는 막을 내리고 로마제국은 서서히 몰락기에 접어들었다. 물론 로마제국의 몰락에 천연두가 결정적인 원인이라고 말할 수는 없다. 하지만 165년에 발생한 최초의 팬데믹은 로마제국에 재앙을 초래했고, 제국의 몰락을 가속화시키는 데 충분한 계기가 되었다.

3. 다른 지역의 천연두 예방법

　기원전 1157년에 사망한 이집트 파라오의 미라에서도 그 흔적이 발견될 정도로 천연두는 인류 역사 속에서 아주 오래된 전염병이다. 18세기까지 유럽에서 천연두로 사망한 사람의 수는 매년 40만 명 이상으로 매우 치명적이었다. 따라서 근대 의학의 발전과 함께 천연두를 근절하기 위한 노력이 시행되기 전까지 전 세계 여러 지역에서 다양한 천연두 예방법이 등장했다.

　천연두의 치명성 때문에 여러 지역에서 천연두와 관련된 신을 숭배했다. 고대 중국에서 발생한 종교 가운데 도교道教는 신선 사상에 음양오행설과 불교를 혼합한 사상이다. 유교처럼 배타적이거나 편향적이지 않고 모든 것을 포용하는 조화로움을 추구하기 때문에 백성들로부터 상당한 호응을 얻었다. 도교의 여신을 총칭해 '낭랑娘娘'이라고 부르는데, 여기에 두진낭랑痘疹娘娘이라는 여신이 있다. 그녀는 바로 천연두 여신이다.

중국인들은 두진낭랑의 자비를 구하기 위해 천연두에 걸렸을 때 생기는 물집을 '아름다운 꽃'이라고 불렀다. 섣달 그믐날에는 두진낭랑이 접근하지 못하도록 어린아이에게 일부러 못생긴 가면을 씌우고 잠을 재우는 풍습이 있었다. 천연두 환자가 발생하면 환자의 집에 금줄을 쳐서 성역으로 만들었는데, 환자가 회복되지 못하면 그녀를 쫓아내기 위한 저주를 내리기도 했다.

천연두의 여신은 다른 지역에도 존재한다. 바로 인도의 시탈라Shitala다. 산스크리트어로 시탈라는 '추워서 떨린다'라는 의미를 지닌다. 천연두에 걸려 고열이 나는 상태를 표현한 말로 천연두를 신격화한 것이라 할 수 있다. 인도 동쪽의 벵골 지역과 북쪽의 펀자브 지역에서 널리 숭배되는 이 여신은 붉은색으로 칠해져 있고, 여러 개의 손과 세 개의 눈이 있는 다소 기묘한 형태다. 주로 당나귀를 타고 다닌다.

인도에 전해 내려오는 이야기에 따르면, 열이 나게 하는 악마 즈바라수라Jvarasura가 천연두를 비롯해 콜레라나 홍역 등을 어린아이들에게 퍼뜨렸다. 그러자 힌두 여전사 두르가Durga의 또 다른 형태인 카티야야니Katyayani가 열과 질병으로부터 세상을 구하기 위해 시탈라 데비Shitala Devi의 형태로 변했다. 그녀는 손에 짧은 빗자루와 선풍기, 찬 물병, 컵을 들고 어린아이들의 질병을 치료했다.

시탈라는 어린아이들에게 질병을 퍼뜨린 즈바라수라의 잘못에 몹

■ **시탈라**
북인도 지역에서 널리 숭배되는 여신으로 천연두를 비롯한 피부병을 낫게 하고, 무덤을 파고 시체를 먹는 악귀 구을(Ghouls)을 물리친다.

시 분노했다. 사실 그녀는 이러한 질병을 치료하기도 하지만 질병을 줄 수도 있었다. 다시 말해, 질병의 치료뿐만 아니라 원인이기도 하다. 시탈라는 즈바라수라를 천연두에 감염시켜 멸종시켰다. 그러자 어린 아이들은 천연두의 공포에서 벗어났고 많은 사람이 그녀에게 경의와 감사를 표했다.

천연두는 그야말로 끔찍한 전염병이었다. 수많은 사람이 목숨을 잃었고 가까스로 살아남은 사람들도 전염병으로부터 완전히 벗어날 수 없었다. 천연두에 걸리면 고열과 함께 온몸에 발진이 나타난다. 시간이 지나면서 고름과 딱지가 생기고 그 자리에 움푹 팬 흉터가 남는다. 일명 '곰보 자국'이라 불리는 것이다.

『진신화상첩眞身畵像帖』은 조선 시대 영조부터 순조 때까지 관리들의 초상화를 모아둔 화상첩이다. 조선 시대 초상화는 있는 그대로를 사실대로 그리는 것이 특징이다. 그러다 보니 얼굴에 있는 주름이나 흉터까지 모두 빠짐없이 표현했다. 한 가지 흥미로운 사실은 『진신화상첩』에 등장하는 관리 22명 가운데 5명의 얼굴에 곰보 자국이 남아 있다는 것이다. 관리들이라고 해서 치명적인 천연두를 피해 갈 수는 없었다.

최고의 권력을 가진 왕도 마찬가지였다. 『조선왕조실록』「숙종실록」 10권 숙종 6년 10월 18일에는 다음과 같은 기록이 등장한다.

中宮有違豫之候, 證涉痘患。 時, 上亦未經痘疾, 藥房都提調金壽恒請對, 請自上移御他宮, 上許之。
중궁中宮이 편찮은 징후가 있었는데, 증세가 두창痘瘡 병환이었다. 그때 임금도 아직 두창을 앓은 적이 없었으므로, 약방 도제조 김수항이 청대하여 임금이 다른 궁궐로 이어(移御)하기를 청하니, 임금이 이것을 허락하였다.

하지만 8일 후 인경왕후는 사망했다. 당시 20세의 젊은 나이였다. 숙종도 천연두를 피하지는 못했다. 「숙종실록」 14권 숙종 9년 10월 18일에는 이런 기록이 있다.

上不豫, 卽痘疾也。
임금의 병환이 있으니 곧 두질痘疾이었다.

여기서 '두질'은 천연두를 의미한다. 10월 28일이 고비였지만 무사

히 넘겼고, 11월에 들어서자 회복되면서 딱지가 생겼다. 하지만 천연
두와 관련된 숙종의 비극은 여기서 그치지 않았다. 왕비와 자신뿐만
아니라 아들도 천연두에 걸린 것이다.

「숙종실록」 33권에는 숙종 25년인 1699년에 '세자가 두창을 치렀
다'는 기록이 등장하고, 「숙종실록」 50권에는 숙종 37년인 1711년에
후일 영조가 되는 '연잉군이 마마를 앓았다'는 기록이 나타난다. 그래
서인지 숙종 때는 『조선왕조실록』에서 유달리 천연두와 관련된 기록
이 많이 등장했다.

천연두처럼 끔찍한 유행성 전염병을 극복하기 위한 대책들이 마련
되기도 했다. 대표적인 조치는 격리였다. 조선 시대에는 도성 내 병자
들을 치료하는 기관으로 활인서活人署를 설치했다.

원래 고려 시대부터 존재하던 것으로 「세종실록지리지」에 따르면
동소문 밖에 동활인원을, 서소문 밖에 서활인원을 두어 도성 내 병자
나 오갈 데 없는 사람들을 치료하고 입을 것과 먹을 것을 지급하였다.
세조 12년인 1466년에 동활인원과 서활인원을 통합해 '활인서'로 개
명하고 의원 및 의무를 배치했다. 평소에는 의탁할 곳이 없는 병자들
을 돌보다가 천연두와 같은 역병이 발생하면 막사를 짓고 환자들을
보살폈다.

역병을 극복하기 위해 '여제(厲祭)'를 지내기도 했다. 여제란 제사
를 지내줄 자손이 없거나 억울하게 죽은 귀신을 위해 지내는 제사를
말한다. 여제의 시초는 중국 주나라까지 거슬러 올라간다. 주나라 『예
기禮記』에 따르면, 천자(天子)는 일곱 가지 제사를 지내고, 제후(諸侯)
는 다섯 가지 제사를 지내며, 대부大夫는 세 가지 제사를 지내는데, 여

기에는 반드시 여제가 포함되어 있다.

우리나라에서 여제의 기록은 조선 태종 때 처음 등장한다. 『조선왕
조실록』「태종실록」 1권 1년 1월 14일의 기록을 살펴보자.

六曰行厲祭。 自古凡有功於民及以死勤事之人, 無不致祭, 無祀之
鬼, 亦有泰厲國厲之法。 今 『洪武禮制』, 其法甚備。
여섯째는 여제를 행하는 것입니다. 옛날부터 무릇 백성에게 공功이 있
거나, 죽음으로써 일에 부지런히 한 사람은 제사를 지내致祭지 않는 일
이 없습니다. 사당이 없는 귀신도 또한 태려泰厲의 법이 있습니다. 지금
『홍무예제洪武禮制』에 그 법이 매우 잘 갖추어져 있습니다.

태종은 우리나라의 모든 제례가 명나라 태조 때 만들어진 『홍무예
제』에 의거하면서도 유독 여제를 지내지 않는다는 사실을 지적했다.
그래서 예조에 명을 내려 여제에 관련된 법을 만들고 제사를 지내도
록 했다. 이후 국가 차원만이 아니라 여러 고을에서도 여제를 지내기
시작했다.

여제의 궁극적인 목적은 제사를 받지 못하는 귀신에게 제사를 지냄
으로써 한을 풀어주는 것이다. 그래서 여귀가 민간에게 해악을 끼치
지 않도록 했다. 이를 위해 봄에는 음력 3월에 해당되는 청명(淸明)에,
가을에는 7월 15일에, 겨울에는 10월 1일에 여제를 지냈다. 이와 더불
어 천연두와 같은 전염병이 발생하면 여제는 매우 중요한 국가적 행
사로 부상했다.

「문종실록」 9권 문종 1년 9월 5일에 다음과 같은 기사가 등장한다.

親札救惡病議，密示都承旨李季甸，　其書曰：〝今聞交河、原平等
處，惡病浸染，其勢頗張，而甚近於京畿，萬一京中或有一人病體
相似，則其事不小，必至於有遷都之議，則設誰敢不可哉？故救療
此病，不可不急。

임금이 친히 악질(惡疾)을 구료(救療)하는 의(議)를 지어 은밀히 도승
지 이계전에게 보였는데, 그 글은 이러하였다. '이제 들건대, 교하·원평
등지에 악병이 침투. 전염되어 그 세가 자못 커지고 있으며, 경기와 몹
시 가까운지라 만일 서울에서 혹시 한 사람이라도 그 병중이 유사한 자
가 생긴다면 그 일이 작지 않아서 필시 천도(遷都)의 논의가 있기까지
에 이른다 해도 누가 군이 불가하다고 하겠는가? 그러한 까닭에 이 병을
구료한다는 것은 급히 서둘지 않을 수 없다.

당시 경기도와 황해도 일대에 전염병이 발생하자 문종은 스스로 여
제 축문을 지어 제사를 지내도록 했다. 광해군도 도성 내 전염병이 기
승을 부리자 활인서의 기능을 강화하고 여제를 다시 지내도록 했다.
이와 더불어 인조 때에도 함경도에서 역병이 발생하자 약품을 준비하
고 치료하는 법을 제정하는 것 외에도 여제를 지낼 것을 권고했다.

천연두를 비롯한 유행성 전염병을 극복하기 위해 국가 차원에서 여
제를 지냈다면, 민간에서는 굿을 치렀다. 우리나라에서는 천연두를
'두창' 또는 '포창(疱瘡)'이라고 불렀다. 민간에서는 '마마(媽媽)'라는
이름으로 부르기도 했다. 오늘날처럼 의학이 발달하지 못한 시기에
많은 사람이 '두창신(痘瘡神)' 혹은 '마마신(媽媽神)'이 찾아오기 때문
에 천연두에 걸리는 것이라고 믿었다. 이 신을 잘 모셔야지만 무사히

생존할 수 있다고 생각했다. 그리고 천연두를 비롯한 전염병이 창궐하면 무당에 의존하는 풍습이 발생했다.

조선 시대에 두창신을 얼마나 중요하게 모셨는지는 『패관잡기稗官雜記』에 잘 나타나 있다. 이 책은 유학자 어숙권魚叔權이 지은 총 여섯 권의 수필집이다. 조선의 건국과 더불어 명나라 사절과 일본의 풍속에 관해 자세하게 설명하고 있고, 여러 시인의 언행과 기예 등에 관해 보고 들은 것을 자세히 기록했다.

그는 『패관잡기』 2권에서 두창신과 관련해 다음과 같이 기록하고 있다.

나라 풍속에 두창신을 매우 중시하기 때문에 제사와 초상집 출입, 잔치와 남녀 잠자리, 외부 사람 등을 꺼리고 기름과 꿀, 비린내와 더러운 냄새를 꺼린다. 두창은 누에처럼 상황에 따라 변하기 때문이다. 세속에는 금기하는 것을 어기면 열 중 여섯 일곱은 죽으며, 또 목욕하고 정성을 쏟아 빌면 죽었다가도 살아난다. 그래서 사람들은 더욱 두창신을 믿으려 하는데, 출입 때 의관을 갖추고 반드시 두창신에게 고하며, 이 병을 앓고는 1, 2년간 제사도 모시지 않는다. 사인(士人)들까지도 이 풍습에 얽매여 제사를 지내지 않으니, 옛날에는 그렇게 심하지 않았는데 앞으로 40~50년 후는 어떻게 변할지 모를 일이다.

두창신은 여러 가지 모습을 띠고 있다. 남성의 모습도 있고 여성의 모습으로 나타나기도 한다. 남성의 모습일 때는 무시무시한 칼, 활과 화살을 들고 있으며 얼굴 표정도 험상궂다. 여성의 모습일 때는 화려

■ **호구별상마마**
마마를 주관하는 신령으로, 과거에는 호구별상 신령을 잘 우대해야 한다고 믿었다. 그래야 목숨
을 부지하거나 곰보가 되지 않는다고 생각했다.

한 옷을 입은 귀부인으로 등장하는 경우가 많다. 이 시기에는 어린아이가 두창에 걸리면 사망할 확률이 매우 높았고, 설령 살아남는다 하더라도 곰보 자국이 남아 평생의 굴레가 되었다. 사람들은 가족이 두창에 걸리면 용한 무당을 데려다가 굿을 벌였다. 이렇게 민간에서 두창은 질병의 영역을 넘어 신의 영역에 속했다.

민간에서 천연두에 걸렸을 때 벌인 또 다른 굿으로는 '마마배송굿'을 들 수 있다. 천연두에 걸린 지 13일째 되는 날에 마마신을 공손하게 돌려보내기 위해 행하는 굿이다. 보통 천연두에 걸리면 5일 정도 지나 환자 몸에 발진이 생기는데, 이때 정한수를 떠놓고 마마신을 맞이하는 기원을 시작한다. 일반적으로 마마신이 환자 몸에 12일 정도

머무른다고 생각했기 때문에 13일째 되는 날 마마신을 보내는 굿을 하는 것이다.

마마배송굿은 2~3일 전부터 준비한다. 우선, 무당은 마마신에게 원한을 품은 천연두로 죽은 사람들의 영혼을 따로 가둘 수 있는 공간을 마련한다. 이러한 영혼 때문에 마마신이 노하면 환자에게 좋지 않은 일이 발생할 수 있다고 생각했기 때문이다. 그다음으로 마마신을 태워서 보내기 위한 말을 만든다. 이때 말은 주로 짚이나 싸리로 만든다. 이 말을 몰고 나갈 남성 마부도 고용한다.

굿을 지낼 때는 떡을 제사상에 올렸다. 주로 팥 시루떡을 장만하는데, 두 개는 백설기로 준비한다. 하나는 천연두에 걸려서 사망한 사람을 위한 것이고, 다른 하나는 현재 천연두에 걸려 앓고 있는 환자를 위해 바치는 것이다. 마마신을 보내면서 마부와 무당 사이에 대화가 오가고 무당은 무가(巫歌)를 부른다. 주로 마마신을 잘 모시고 보내드리고자 하는 내용이다.

우리나라에서 마마배송굿은 전국적으로 행해졌다. 간혹 그 명칭이 다른 경우도 있다. 제주도에서는 마마배송굿 대신 마누라배송굿, 남해안별신굿에서는 손님풀이, 동해안별신제에서는 손님배송굿이라고 부른다. 하지만 이름이 어떻든지 이러한 굿의 목적은 모두 한 가지다. 신으로 승격될 정도로 많은 사람에게 공포심을 불러일으켰던 치명적인 천연두를 물리치기 위한 바람, 그 한 가지였다.

4. 천연두 백신과 전염병의 극복

많은 사람이 치명적인 천연두를 예방하기 위해 신이나 굿에 의존했지만, 실제로 별다른 효과가 없었다. 그래서 좀 더 과학적으로 접근해 천연두를 치료하기 위한 노력하기 시작했다. 이러한 노력 가운데 한 가지는 바로 인두법(人痘法)이었다. 인두법은 피부에 상처를 내고 천연두 환자의 고름이나 딱지 등을 문지르거나 코로 흡입해서 후천적으로 천연두에 대한 면역력을 얻는 접종법이다. 인두법을 사용하면 사람들은 약하게 천연두를 앓게 되는데, 면역력이 약한 환자는 사망에 이르기도 했다.

인두법은 15세기경 중국에서 처음 시행된 것으로 알려져 있다. 크게 중장묘법, 수묘법, 한묘법, 의묘법으로 구분된다. 중장묘법은 천연두에 걸린 환자의 고름이나 딱지 등을 코로 흡입하는 방식을 말한다. 수묘법은 천연두 딱지를 갈아서 그 가루를 물에 녹이고 솜에 적셔서 콧구멍에 넣는 방식이다. 한묘법은 천연두 딱지를 갈은 가루를 코로 들이마시는 방법이다. 마지막으로 의묘법은 천연두 고름이 생긴 사람의 옷을 건강한 사람이 입는 방식을 뜻한다.

중국에서 주로 시행했던 것은 중장묘법이나 한묘법이었다. 천연두에 걸린 사람의 딱지를 일정 시간 건조시키고, 3~4개의 딱지를 사향 알갱이와 함께 섞어서 환자가 코로 흡입하도록 했다. 성별에 따라 치료법이 달랐는데, 남자아이는 오른쪽 콧구멍을, 여자아이는 왼쪽 콧구멍을 사용했다. 당시 중국에 주둔하던 영국 동인도회사의 어느 직원이 마틴 리스터Martin Lister 박사에게 이와 같은 천연두 예방법을 보고했고, 박사는 영국 왕립학회에 이를 전달했다. 하지만 관심을 가지는 사람은 거의 없었다.

인두법이 시행된 곳은 중국만이 아니었다. 인도에서도 천연두 딱지를 환자의 피부에 발라서 치명적인 전염병을 예방하는 방법이 유행했다. 이 방법은 특히 힌두교 브라만 계급 사이에서 성행했는데, 16세기에 브라만 계급에서는 일정한 간격을 두고 인두 접종을 시행했던 것으로 알려져 있다.

인도의 인두법은 아프리카에도 전파되었다. 18세기에 수단에서는 부모가 천연두에 걸린 어린아이의 집을 방문하는 것이 하나의 관습이었다. 그들은 일정 금액을 지불하고 천연두에 걸린 아이의 팔에 목화천을 두른 다음, 이를 집에 가져와 자기 아이의 팔에 둘렀다. 일종의 의묘법인 셈이다.

18세기에 중국을 비롯한 여러 지역에서는 나름의 가설과 원리를 토대로 천연두 예방접종을 시행했다. 이러한 접종법은 아메리카 식민지에도 알려졌다. 1721년에 매사추세츠 보스턴에서는 최악의 천연두가 발생했다. 당시 보스턴 인구 약 1만 명 가운데 5,700명 이상이 천연두에 감염되었고, 1년이 채 못 되는 기간 동안 800명 이상이 사망했다. 이는 다른 시기보다 무려 두 배 이상 높은 수치였다. 보스턴에서 마지막으로 천연두가 발생한 해는 1703년이었다. 사람들은 천연두에 대한 면역력이 거의 없어 치사율은 높을 수밖에 없었다.

1721년 4월 22일, 카리브해에 위치한 바베이도스에서 출발한 영국 선박 해마호가 토르투가섬에 정박했다. 아이티 근처에 있는 토르투가섬은 1494년 콜럼버스가 발견했는데, 거북이처럼 생겨 이런 이름이 붙었다. 이 섬에 정박하는 동안 일부 선원들이 천연두에 걸렸다. 치명적인 전염병은 선원들 사이에서 급속하게 확산되었다. 1721년 보스턴 항구에 선박이 도착하자 천연두는 도시 전체로 번져나갔다. 천연두에 걸린 선원들은 검역을 받고 격리되었지만 이미 너무 늦었다.

당시 보스턴을 지배하고 있던 종교 지도자는 코튼 매더Cotton Mather였다. 그는 500권이 넘는 팸플릿과 책을 통해 뉴잉글랜드의 역사를 자세하게 기록했다. 특히 『미국에서 그리스도의 위업: 뉴잉글랜드 교회의 역사Magnalia Christi Americana: Ecclesiastical History of New England』에서는 미국 성인들의 생애를 기록하면서 하나님의 왕국을 건설하기 위해 미개척지로 이주한 청교도들의 사명감을 강조했다.

매더가 미국 역사 속에서 유명해진 것은 바로 '세일럼 마녀사냥' 때

■ **세일럼 마녀재판**
세일럼 마녀재판으로 5개월 동안 185명이 체포되었고 25명이 목숨을 잃었다. 이는 인간의 집단적
광기를 잘 보여주는 대표적인 사건이기도 했다.

문이었다. 마녀사냥이란 특정 사람에게 죄를 뒤집어씌우고 이를 마치
진실인 것처럼 몰아가는 행위를 말한다. 마녀사냥은 15세기 초 유럽
에서 시작되어 16~17세기를 거치면서 절정에 달했다. 당시 유럽은 이
교도가 증가하고 종교전쟁과 삼십년전쟁, 기근과 페스트 등으로 경제
상황이 악화되었다. 지배층은 이러한 종교적·사회적 위기를 극복하고
권력을 유지하기 위해 마녀사냥을 이용했다. 이 시기에 마녀로 고발당
한 사람은 약 10만 명에 달했고, 이 가운데 4만 명 이상이 사망했다.

아메리카 식민지에서도 상황은 크게 다르지 않았다. 1692년 매사추
세츠 세일럼 빌리지에 부임한 목사 새뮤얼 패리스Samuel Parris의 딸 베티
패리스Betty Parris와 조카 애비게일 윌리엄스Abigail Williams가 이상행동과 발

작을 보였다. 다른 소녀들에게서도 같은 증상이 나타났다. 당시 소녀들을 진찰하던 의사는 마녀 때문에 발생한 증상이라고 진단했다. 마을 사람들로부터 추궁받던 두 소녀는 결국 목사관 하녀 티투바^{Tituba}를 마녀라고 지목했다.

조사 끝에 티투바는 자신이 두 소녀를 저주했다고 시인했다. 이 사건 후로 마녀로 지목되는 여성의 수가 급증하기 시작했다. 결국 세일럼 빌리지에서는 마녀재판이 열렸다. 이 마녀재판을 주도한 사람이 바로 매더였다. 사실 그는 과학에 상당한 흥미를 가진 이성적인 사람이었지만, 당시 매사추세츠 사람들의 신앙심이 날로 쇠락해가자 마녀재판을 신앙심을 회복시킬 수 있는 기회라고 판단했다.

마녀재판으로 1629년 가을까지 처형된 사람은 20명 이상이었고, 감옥에 갇힌 사람은 무려 100명 이상이었다. 투옥된 사람들 가운데에는 마을에서 존경받는 인물들도 포함되어 있었다. 마녀재판을 이용해 정적을 없애버리려는 시도가 빈번해졌다. 집단 히스테리는 이제 세일럼 빌리지를 넘어 다른 지역까지 확대될 기미를 보였다. 결국 매사추세츠 총독은 마녀사냥을 중지시켰고, 투옥된 사람들은 모두 석방되었다. 결국 마녀재판을 주도한 매더는 오히려 신정정치(神政政治)가 몰락하는 데 앞장선 셈이다.

마녀사냥과 관련해 매더는 돌이킬 수 없는 실수를 저질렀지만, 다른 한편으로는 보스턴을 구하는 일을 주도하기도 했다. 바로 천연두 예방접종을 통해서였다. 1721년 5월 26일, 그는 자신의 일기에 다음과 같이 썼다. '이 마을에 천연두의 재난이 시작되었다.'

6월이 되자 보스턴의 공중 보건은 그야말로 위기에 직면했다. 많은 사람이 천연두를 신이 인간에게 내리는 벌이라고 생각했다. 1,000명에 가까운 사람들이 보스턴을 버리고 근처 시골로 피난을 떠났다. 당시 매사추세츠 대법원은 보스턴에서 케임브리지로 이전했지만, 8월이 되자 케임브리지에서도 천연두가 발생했다. 10월 초 의회에서는 천연두 발생 건수 및 사망자 통계를 조사했다. 무려 2,700건이 넘었고 200명 이상이 사망했다. 치명적인 전염병이 확산되는 것을 두려워한 나머지 예배조차 제대로 드릴 수 없었다.

천연두로 식민지 공동체가 붕괴되는 것을 우려한 매더는 14명의 의사에게 편지를 보냈다. 편지는 천연두 예방접종에 관한 내용이었다. 그는 이미 자신의 노예 오네시모Onesimus로부터 아프리카의 인두 접종을 들어서 알고 있었다. 게다가 17~18세기 터키의 의사 임마누엘 티모니Emmanuel Timoni가 영어로 쓴 인두법 책도 읽었다. 티모니는 이 책에서 천연두에 걸린 환자로부터 고름을 추출해 건조시킨 다음 건강한 사람의 피부에 문질러 면역력을 갖게 하는 방법을 언급했다.

매더는 천연두 예방접종이야말로 치명적인 전염병으로부터 사람들을 보호할 수 있는 가장 효과적이고 안전한 방법이라고 확신했다. 하지만 당시 보스턴 의사들은 예방접종이 오히려 천연두를 확산시킬 것이라고 두려워했다. 매더의 편지에 답장을 보낸 의사는 하버드대학의 자비엘 보일스턴Zabdiel Boylston뿐이었다.

1721년 6월 26일, 보일스턴은 자신의 아들과 노예, 그 노예의 아들에게 천연두 예방접종을 실시했다. 이들 모두 천연두를 이겨내고 살아남았다. 보일스턴은 천연두 예방접종의 안전성에 확신을 가지게 되었다. 이후 5개월 동안 총 247명에게 천연두 예방접종을 시행했고, 이 가운데 6명만 사망했다. 놀라운 성공이 아닐 수 없다.

이는 13개 식민지에서 시행된 최초의 천연두 예방접종이었다. 보일스턴의 천연두 예방접종 성공을 지켜본 매더는 새로운 생각을 갖게 되었다. 그는 천연두 예방접종을 천연두로부터 사람들을 보호하기 위한 '신성한 선물'이라고 믿었다. 따라서 더 많은 사람에게 예방접종을 하는 것이 자신의 의무라고 생각했다.

하지만 여전히 천연두 예방접종에 반대하는 사람들이 많았다. 당시 면역력에 관한 의학적 지식이 없던 사람들은 일부러 천연두에 감염시켜 면역력을 가지게 한다는 사실에 몹시 분노했다. 뉴잉글랜드의 한 의사는 "접종 도구와 병을 가지고 다니면서 사람들에게 전염병을 옮기려 하고 있습니다. 과연 이렇게 사람들을 전염시키면서도 하나님께 기도를 올릴 수 있습니까?"라고 말했다.

어떤 사람들은 천연두 예방접종으로 인한 사망률이 2퍼센트 내외라는 사실을 근거로 반대하기도 했다. 그러나 1721년 초 보스턴에서 천연두가 발생했을 때 사망률은 14퍼센트 이상이었다. 이와 비교한다면 천연두 예방접종으로 인한 사망률은 그야말로 아주 낮은 수치라고 할 수 있다.

그러나 식민지 사회에서 천연두 예방접종을 둘러싼 논란이 끊이지 않자 식민지 정부와 시의회는 천연두 접종을 폐지할 것을 명령했다. 성난 군중은 매더의 집을 공격하고 조카의 방에 폭탄을 설치하기도 했다. 보스턴 식민지인에게 천연두 예방접종은 혐오의 대상이었고, 매더의 실험을 회의적으로 생각하는 사람도 많았다.

하지만 미국 사회는 점차 천연두 예방접종에 관대해지기 시작했다.

미국 초대 대통령 조지 워싱턴은 미국독립혁명 당시 대륙군이 직면한 가장 큰 위험 가운데 하나가 천연두라고 생각했다. 그는 부대에서 천연두가 발생하면 병사들을 격리시켰고, 비좁고 지저분한 군대 환경을 개선하고자 노력했다. 이와 더불어 예방접종을 통해 병사들의 건강 상태를 개선하고자 했다.

워싱턴이 면역이나 바이러스의 메커니즘을 정확하게 이해했던 것은 아니지만, 천연두에 한 번 걸렸던 사람이 다시는 걸리지 않는다는 사실을 알고 있었다. 그래서 초기에 천연두에 걸린 경험이 있는 사람들로만 부대를 따로 구성하기도 했다. 1776년 3월에 치명적인 천연두가 발생했을 때는 군인과 시민들을 보호하고 면역력이 없는 영국 군인들을 물리칠 수 있었다.

미국의 제2대 대통령 존 애덤스John Adams도 천연두 예방접종을 지지했다. 치명적인 전염병을 예방하기 위한 가장 좋은 방법은 접종이라고 생각했다. 1764년 7월에는 스스로 천연두 예방접종을 받았다. 당시에도 천연두 예방접종은 여전히 논쟁거리였다. 하지만 애덤스는 예방접종이 위험보다 이점이 더 많다고 생각했다. 의학적 배경지식이 풍부했던 그는 미국 사회에 천연두 예방접종을 널리 확산시키고자 노력했고, 이러한 노력은 토머스 제퍼슨까지 이어졌다.

1802년 영국 사회를 떠들썩하게 하던 사건을 풍자한 그림이 한 장 있다. 당시 저명한 풍자화가 제임스 길레이James Gillray가 그린 「우두Cow Pock」라는 제목의 그림이다. 그림에서는 한 남성이 가운데 앉은 여성의 팔에 주사를 놓고 있고, 주변에는 사람들이 기다리고 있다. 그런데 기다리는 사람들을 보면 입이나 귀, 코, 팔, 엉덩이 등이 소처럼 변해 있

■ **에드워드 제너**
영국 의사 에드워드 제너는 천연두를 예방하기 위해 우두 접종법을 개발했다.

다. 우두 백신을 맞으면 예상하지 못한 부작용이 발생할 수 있다는 경고를 보여준다. 물론 백신을 맞은 사람들이 그림처럼 소로 변하지는 않았지만, 이 한 장의 그림은 당시 영국 사회에서 우두 백신을 둘러싼 논쟁이 얼마나 치열했는지 잘 묘사하고 있다.

우두 백신은 영국 의사 에드워드 제너^{Edward Jenner}가 개발한 천연두 예방 백신이다. 제너는 런던에서 외과학과 해부학을 공부하고 버클리에 병원을 개원했다. 나름 유명한 명의였던 그도 쉽게 고칠 수 없는 질병이 있었으니 바로 천연두였다. 천연두 치료 방법을 모색하던 그는 한가지 소문을 들었다. 영국에서는 소젖을 짜는 여성들이 천연두에 걸리지 않는다는 속설이 돌았던 것이다.

■ 풍자화 「우두」
에드워드 제너가 백신을 개발한 당시만 하더라도 몸속에 병원균을 넣어 질병을 예방한다는 것은
상상조차 할 수 없는 일이었다. 그래서 많은 사람이 우두로 만든 백신을 맞으면 소로 변한다고 믿
었다. 제임스 길레이의 풍자화 「우두」는 이러한 시대상을 잘 보여준다.

제너는 소와 접촉해서 우두를 앓았던 사람은 천연두에 면역력을 가
지고 있을 것이라는 가설을 세웠다. 우두는 천연두를 유발하는 두창
바이러스smallpox virus와 가까운 우두 바이러스cowpox virus에 의해 발생하는
전염병이다. 쉽게 말해, 젖소의 유두나 유방에 생기는 천연두다. 소젖
을 짜는 사람은 이 우두를 통해 천연두에 대한 면역력을 갖게 된다.

하지만 이를 입증할 만한 임상 실험을 해야 했다. 어느 날 존 필립
스John Phillips라는 노인이 제너를 방문했다. 노인은 자신이 어렸을 때 우
두에 걸린 경험이 있다면서 기꺼이 임상 실험 대상자로 지원했다. 제
너는 노인의 팔에 천연두 병균을 주사했다. 약간의 발진이 있었지만

5일 뒤에 완쾌되었다. 이 임상 실험으로 한 번 우두에 걸린 사람이 천연두에 면역력을 가진다는 사실을 입증했다.

1796년 5월 14일, 제너는 다시 우두법 실험을 시행했다. 흔히 최초의 우두법 실험이라고 일컬어지는 실험이었다.

제너는 제임스 핍스James Phipps라는 여덟 살 소년의 양팔에 상처를 내고 우두 고름을 주입했다. 이 우두 고름은 사라 넬메스Sarah Nelmes라는 여성으로부터 채취한 것인데, 그의 가설처럼 그녀는 소젖을 짜는 여성이었다. 당시에는 오늘날처럼 주사기가 없어서 제너는 나뭇조각에 고름을 묻히고 상처 부분에 문질렀다.

얼마 후 제임스는 우두 증세를 보였다가 이내 회복되었다. 제너는 회복된 소년에게 천연두 병균을 주입했다. 하지만 소년은 아무런 반응을 보이지 않았다. 이 실험을 통해 제너는 우두가 천연두를 예방하는 데 효과가 있다는 사실을 분명히 입증했다. 이후 23명을 대상으로 우두 접종 실험을 시행했고, 그 결과를 논문으로 작성해 영국왕립학회에 제출했다.

하지만 당시 많은 영국인들은 제너의 우두법을 반대했다. 아메리카 식민지에서처럼 사람들은 대부분 천연두를 비롯한 치명적인 전염병을 하나님이 인간에게 내리는 벌이라고 생각했다. 길레이의 그림에서 보았듯이 우두를 접종하면 소로 변한다는 소문도 널리 확산되어 있었다.

그럼에도 제너의 우두법은 영국을 넘어 전 세계로 빠르게 퍼졌다. 당시 프랑스 지배자 나폴레옹은 제너를 무척 존경했다. 그래서 프랑스에서 천연두에 대한 공포를 종식시킨 제너에게 명예 훈장을 수여하고, 그를 프랑스에 직접 초대해 천연두 예방접종을 부탁하기도 했다.

나폴레옹이 제너를 존경한다는 사실을 알게 된 영국 정부는 아무런 진척이 없던 포로 석방 문제를 제너를 통해 부탁하기도 했다. 그러자 나폴레옹이 "그분의 부탁이라면…."이라면서 바로 전원을 석방시켰다는 일화는 매우 유명하다.

16세기에 천연두가 아메리카 여러 제국을 몰락시키고 유럽의 식민지로 전락하도록 만든 것처럼, 이제 19세기가 되면 천연두 백신이 인류 역사에 상상할 수 없을 정도로 엄청난 영향을 미쳤다. 인류 역사상 최초의 백신 개발로 사람들은 치명적인 전염병을 예방할 수 있게 되었고 인간 평균수명은 더욱 길어졌다. 1979년에 WHO는 드디어 천연두를 지구에서 완전히 사라진 전염병으로 선언했다. 천연두는 인류의 힘으로 박멸한 최초의 전염병이다.

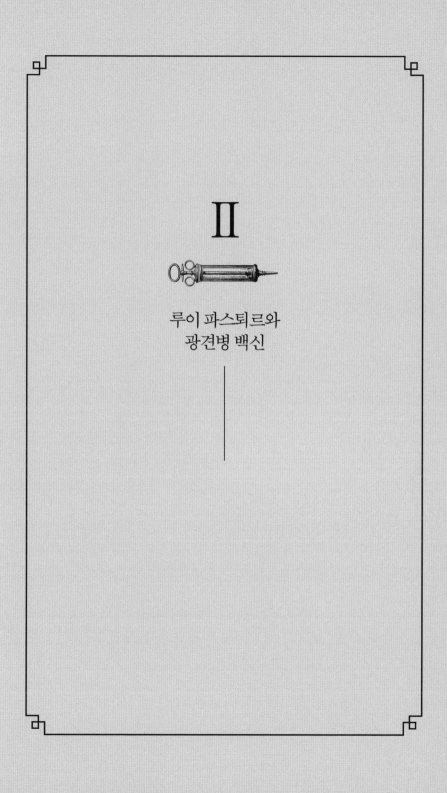

II

루이 파스퇴르와
광견병 백신

1. 늑대 인간과 광견병

동유럽 내륙에 위치한 벨라루스공화국은 흔히 '백(白)러시아'로 더 잘 알려져 있다. 흰 의상을 좋아하는 깨끗한 민족이어서 이런 이름이 붙여졌다는 설이 전해 내려온다. 이 나라는 10세기 말, 키예프대공국의 위성국가인 폴로츠크공국으로 시작되었고, 한때 드네프르강을 통해 교역품을 운반하는 중계무역으로 번성했다. 키예프대공국이 멸망한 뒤에는 리투아니아대공국에 합병되었다. 이후 폴란드, 러시아, 독일 등의 지배를 받다가 1922년에 소비에트사회주의공화국연방소련을 구성하는 국가가 되었고, 1991년에는 소련의 해체 후 독립했다.

최근 벨라루스는 독재 정권에 반대하는 시위 때문에 국제사회의 관심을 받고 있다. '유럽의 마지막 독재자'라 불리는 알렉산드로 루카센코 대통령은 26년째 장기 집권하고 있다. 최근 선거에서 그가 80퍼센트 이상의 압도적인 지지를 얻자 부정선거 의혹이 제기되었다. 그리고 그의 강압적인 통치와 독재에 반발하는 시민들이 시위를 벌였다. 시민들의 반발이 거세지자 군인과 경찰이 도로와 광장을 통제하고 있다. 정확한 통계는 없지만 최소 3,000명 이상 체포된 것으로 알려진다.

인류 역사 속에서 벨라루스는 또 다른 이야기로 유명하다. 바로 늑대 인간이다. 늑대 인간은 말 그대로 늑대로 변하는 인간을 의미한다. 중세 유럽에서는 보름달이 뜨면 사람이 늑대로 변한다는 전설이 내려왔다. 11세기경 동슬라브에 존재한 서사시 「이고르 왕자의 전투 이야기 The Tale of Igor's Campaign」에는 오늘날 벨라루스에 해당하는 폴로츠크 공국의 브세슬라프 Vseslav 공이 밤이 되면 늑대로 변했다는 이야기가 포함되어 있다. 이 서사시에 따르면, 브세슬라프 공은 늑대로 변해 여러 마을을 빠르게 돌아다녔고 마법에도 매우 능통했다고 한다.

늑대 인간 이야기가 벨라루스에만 존재한 것은 아니다. 기원을 거슬러 올라가면 세상에서 가장 오래된 서사시인 「길가메시 서사시 The Epic of Gilgamesh」에도 늑대 인간 이야기가 등장한다. 길가메시를 흠모한 여신 이슈타르 Ishtar는 그에게 애정 공세를 퍼부었지만, 그는 이 여신이 한때 연인이던 목동을 마음에 안 든다는 이유로 늑대로 만든 사실을 알고 있었다. 그래서 길가메시는 여신을 거절했다. 그러자 분노한 여신은 반신반인(半神半人)인 길가메시를 함부로 죽일 수 없어 하늘의 황소를 길에 풀어놓았다. 인간을 늑대로 만든 이야기가 바로 여기에 등장한다.

■ 「악몽」
1781년 스위스 화가인 헨리 푸젤리가 젊은 여인과 괴물의 조합을 그린 이 그림을 전시했을 때 비평가들은 몹시 분노했지만 대중들은 열광했다. 「악몽」에 등장하는 괴물은 마치 브리콜라카스처럼 묘사되었다.

늦대 인간 이야기는 '역사학의 아버지' 헤로도토스의 『역사*Histories*』에도 등장한다. 헤로도토스는 그리스인 최초로 서사시가 아닌 형태로 과거의 사실을 기록해 역사를 실증적 학문의 대상으로 삼았다. 그는 듣고 전해지는 것을 그대로 기록하는 것을 서술 원칙으로 삼았다. 이를 위해 자신이 갈 수 있는 곳이면 어디든지 가서 사람들과 나눈 대화를 아홉 권의 저서로 집필했다. 이 책의 제목이 바로 『역사』다.

헤로도토스는 『역사』 제4권에서 늑대 인간에 관해서도 언급했다. 오늘날 우크라이나 남부 지역에 해당하는 스키티아 북동쪽에 살고 있는 네우로이Neuri족이 1년에 며칠간 늑대로 변신하는 능력을 가지고 있다고 기록한 것이다. 학자들은 헤로도토스가 언급한 네우로이족이 동유럽에 살고 있는 슬라브족을 가리킨다고 추정한다.

슬라브족 전설에 따르면, 늑대 인간은 브리콜라카스(vrykolakas)에서 유래되었다. 브리콜라카스는 교회에서 파문당하거나 자살해서 정식으로 매장될 수 없는 사람들을 의미한다. 이들은 무덤에 누워 있다가 토요일을 제외하고 언제든지 무덤에서 나올 수 있었다. 초기에 브리콜라카스는 살아있는 사람들에게 아무런 해를 끼치지 않았다. 교회로부터 용서를 구하면 영원한 안식도 얻을 수 있었다.

하지만 15세기가 되면 늑대 인간은 악마화되기 시작했다. 15세기 초부터 시작해 16~17세기에 절정을 이룬 마녀사냥은 기독교의 권력을 절대화함으로써 그 권력을 유지하기 위한 일종의 광신도적 현상이다. 최초의 마녀사냥은 1582년에 시작되었다. 당시 오늘날 독일 남동부에 해당하는 바이에른의 한 백작 영지에서 마녀가 체포되었다. 이후 수많은 사람이 마녀로 지목되어 화형에 처해졌다. 이 시기에 마녀로 고발당한 사람은 약 10만 명에 달했고, 이 가운데 4만 명 이상이 사망했다.

마녀사냥의 광기는 늑대 인간에게도 미쳤다. 1414년에 늑대 인간은 이단으로 몰렸고, 교회를 비롯해 많은 사람이 늑대 인간을 악마와 같은 존재로 규정했다. 당시 늑대 인간은 두 가지 종류로 구분되었다. 하나는 스스로 악마에게 영혼을 팔아 늑대 인간으로 변한 경우였고, 다른 하나는 늑대에게 물리거나 저주를 받은 경우, 또는 마법사나 마녀가 주문을 걸어서 늑대 인간으로 변한 경우였다.

1598년에 프랑스 서부 지역에서는 늑대 인간 가족이 발견되었다. 가족 중 페로넷^{Peronette}이라는 여자아이는 낭광증(狼狂症)을 앓고 있었다. 낭광증은 자신이 늑대와 같은 동물이라는 망상에 사로잡힌 정신병이다. 하지만 당시에는 사람들이 이 정신병에 관해 잘 알지 못했기 때문에 교회는 결국 가족을 화형에 처했다.

이단을 구별하고 탄압하는 과정에서 브리콜라카스의 일부는 흡혈귀가 되었다. 그리고 다른 일부는 인간에게 해를 끼치는 늑대 인간으로 변모했다. 특히 피에 굶주린 괴물의 이미지가 부각되면서 17세기 이후 늑대 인간은 사람을 잡아먹는 괴물로 인식되기 시작했다. 종교에 의해 끔찍한 악마로 재탄생한 것이다.

오늘날 학자들은 광견병에 걸린 환자를 늑대 인간으로 오해한 것이 아니었을까 추정하고 있다. 광견병이란 광견병 바이러스(rabies virus)를 가진 동물에게 물려서 생기는 질병이다. 모든 온혈동물은 광견병 바이러스에 감염될 수 있는데, 바이러스에 감염된 개체가 다른 동물이나 사람을 물었을 때 타액 속의 바이러스가 상처를 통해 전파되는 방식이 가장 빈번하게 발생한다.

야생동물에게서 주로 광견병 바이러스가 발견된다. 대표적인 동물로는 여우나 너구리, 박쥐, 코요테 등을 들 수 있다. 야생동물과 접촉한 개나 고양이도 광견병 바이러스를 가지는데, 사람은 주로 이런 동물에게 물려서 발병한다. 광견병 바이러스는 신체 내 신경조직을 통해 뇌신경 조직으로 도달한 뒤에 발병 증상이 나타난다. 원래 인간의 뇌는 외부 물질을 막아주는 장벽이 존재해 바이러스가 침투할 수 없지만, 광견병 바이러스는 이 장벽을 통과해 뇌를 감염시킨다.

광견병 초기 증상은 감기와 비슷하다. 이와 더불어 물린 부위에 열이나 가려움증을 느낀다. 병이 진행되면서 초조함과 불안함, 공수증, 흥분감, 정신이상 등의 증상이 발생한다. 햇빛에 과민 반응을 일으키는 사람도 있다. 이 증상이 발생한 지 일주일 쯤 지나면 온몸의 신경과 근육이 마비를 일으켜 혼수상태에 빠지고, 결국 호흡 장애로 사망하게 된다.

광견병이 무서운 것은 사실상 치료법이 없기 때문이다. 치사율은 거의 100퍼센트에 달한다. 통계 자료에 따르면, 지금까지 보고된 광견병 생존자는 전 세계적으로 14명밖에 되지 않는다. 2015년에 광견병 사망자 수는 무려 1만 7,400명에 달했다. 그래서 일부 의사들은 광견병에 걸리면 차라리 죽는 편이 낫다고 했다. 오늘날처럼 의학이 발달한 현대사회에서도 백신을 접종해도 생존율은 10퍼센트 미만밖에 되지 않는다.

광견병은 기원전 2000년 이전부터 발생한 것으로 알려져 있다. 광견병에 관한 최초의 기록은 에슈눈나Eshnunna에서 발견된 메소포타미아 문서다. 에슈눈나는 티그리스강 지류인 디얄라강 근처에서 발전한 수메르 도시국가 중 하나로 기원전 3000년경에 형성된 것으로 추정된다. 이 유적지에서는 1,500점 이상의 설형문자 점토판이 발견되었는데, 대략 기원전 1800년경에 작성된 것으로 알려져 있다. 흔히 '에슈눈나 법전'으로 불린다.

에슈눈나 법전은 크게 다섯 가지의 카테고리로 구성되어 있다. 첫 번째는 절도와 관련된 범죄며, 두 번째는 거짓말이고, 세 번째는 성범죄다. 네 번째는 신체 부상이고, 마지막은 황소의 손상 및 유사 사례다. 대부분의 범죄는 금전적인 벌금이 부과되었지만, 강도나 살인, 성범죄처럼 심각한 범죄는 사형에 처해지기도 했다.

특이한 점은 에슈눈나 법전에서 광견병과 관련해 벌금을 명시했다는 것이다. 법전에는 다음과 같이 기록되어 있다.

> 개가 광견병에 걸리면 소유자는 당국에 그 사실을 알려야 한다. 만약 그렇지 않았을 때 개가 사람을 물고 그 사람이 사망하면, 개 주인은 은 40세켈을 지불해야 한다. 만약 노예를 물어서 죽이면 은 15세켈을 지불해야 한다.

이를 통해 광견병에 걸린 개를 제대로 돌보지 않은 주인의 책임을 아주 무겁게 다룬 당시 사회적 분위기를 살펴볼 수 있다.

그리스에서는 광견병이 리사Lyssa 때문이라고 생각했다. 저승의 여신인 리사는 하늘의 신 우라노스Uranus와 밤의 여신 닉스Nyx의 딸이다. 크로노스Cronus가 우라노스를 거세했을 때 그 흔적이 튀는 바람에 닉스는 우라노스의 아이를 임신했다. 리사는 자신의 개를 끌고 다니면서 인간들에게 광기를 선물했다고 전해진다. 많은 사람이 그녀는 아버지 우라노스의 광기를 그대로 닮았다고 생각했다.

고대 그리스 최고의 서사 시인은 바로 호메로스Homeros였다. 기원전 9세기경의 시인으로 알려져 있는데, 실제로 그에 관해서 알려진 바는 그리 많지 않다. 기껏해야 헤로도토스의 기록 정도가 남아 있다. 이마저도 신빙성이 높지 않다. 하지만 그의 작품으로 알려진 서사시는 서양 최초의 문학이자 최고의 작품으로 손꼽히고 있다.

호메로스의 작품 가운데『일리아드*Illiad*』는 트로이전쟁을 주제로 쓴 서사시다. 총 1만 5,693행에 24권으로 구성되어 있다. 트로이의 별명인 '일리오스'에서 유래한 일리아드는 '일리오스의 이야기'라는 뜻을 지닌다. 10년에 걸친 그리스와 트로이전쟁 중 마지막 해에 발생한 사건들을 노래한 서사시다. 이 작품에서 호메로스는 '광견병'이라는 단어를 사용했다. 트로이 영웅 헥토르*Hector*를 '광견병에 걸린 것 같은 미친 개'로 묘사한 것이다.

고대에는 광견병에 관한 별다른 의학적 지식이 없었다. 오늘날의 관점에서 보면 터무니없는 민간요법만 유행했다. 스크리보니우스 라루구스*Scribonius Largus*는 기원후 1세기경 로마 황제 클라우디우스*Claudius*의 주치의였다. 클라우디우스 황제는 몸이 병약하고 말을 더듬는 버릇이 있었다. 칼리굴라*Caligula*가 황제로 즉위할 때 클라우디우스는 집정관이 되었다. 그러다가 칼리굴라 황제가 암살되자 클라우디우스는 최초의 군인 황제가 되었다.

약 47년경에 라루구스는 270여 가지의 처방을 소개한『처방 모음집 *Compositiones Medicamentorum*』을 편찬했다. 이 저서에는 전통적인 치료법과 자신만의 처방법이 포함되어 있다. 이를 통해 1세기경 로마 시대의 의학과 약학, 의학 윤리의 수준을 엿볼 수 있다. 주로 자신의 실제 경험을 중심으로 서술되었지만, 상당히 미신에 가까운 치료법들도 많이 실려 있다. 이 가운데 광견병과 관련된 치료법도 있었는데, 그는 광견병에 걸렸을 때 하이에나 피부로 만든 습포제를 사용한다고 기록했다.

19세기가 되면 광견병은 더욱 빈번하게 발생했다. 당시 프랑스와 벨기에 일부 지역에서는 생 위베르*Saint Hubert*를 숭배했다. 중세 시대에

■ 생 위베르의 열쇠

광견병 백신이 개발되기 전까지 사람들은 이렇게 생긴 생 위베르의 열쇠를 가열한 다음 개에 물린 상처에 눌러 살균할 수 있다고 믿었다.

널리 존경받던 성인인 그는 벨기에 동부에 위치한 리에주의 첫 번째 주교였다. 사람들은 '생 위베르 열쇠'를 제작했다. 그러고는 열쇠를 가열한 다음 광견병에 물려서 생긴 상처에 눌렀다. 개에 물린 직후에 이렇게 하면 열이 상처를 소독하고 살균해 광견병 바이러스를 박멸할 가능성이 있다고 생각한 것이다. 놀랍게도 이 방법은 가톨릭교회로부터 공식적으로 승인받았다.

과학적이고 의학적인 방법으로 광견병을 치료하기 시작한 것은 19세기 말이었다. 광견병 백신이 개발된 것이다. 이 백신을 개발한 사람은 프랑스 세균학자 루이 파스퇴르Louis Pasteur였다. 1879년 프랑스에서는 닭콜레라가 유행했다. 닭콜레라는 출혈성패혈증균Pasteurella multocida A

형에 의해 발생하는데, 주로 오염된 사료나 물 때문에 감염된다. 당시 프랑스 농장에서 키우던 닭의 10퍼센트 이상이 닭콜레라로 죽는 바람에 피해가 심각했다.

파스퇴르는 실험을 위해 콜레라균을 배양했는데, 당시 조수의 실수로 일주일간 방치되었다. 이후 변질된 콜레라균을 닭에게 주사했더니 닭은 콜레라에 걸리지 않았다. 이 실험을 통해 콜레라균의 독성이 사라지는 온도를 조사하고, 이를 활용해 닭콜레라 백신을 만들었다. 이후 그는 여러 가지 전염병 백신을 개발하기 시작했고, 이는 현대 의학이 발전할 수 있는 토대를 마련해주었다.

2. 2세대 백신: 탄저병과 광견병 백신

2001년 10월 초, 미국 플로리다주에 위치한 「아메리카 미디어America Media」 신문사의 사진사가 사망했다. 당시 미국은 9·11 테러가 발생한 지 한 달도 채 되지 않아 매우 혼란스러운 상태였다. 그런데 이 사진사의 사망 원인이 미국 전역에서 논란이 되었다. 바로 탄저균에 감염되어 사망했기 때문이다. 탄저균은 흙 속에 서식하는 세균으로 탄저병을 일으킨다. 탄저병은 주로 초식동물 사이에서 발생하지만, 사람이 감염된 동물을 다루는 과정에서 피부나 호흡기를 통해 감염되거나 감염된 동물을 날로 먹는 경우에 발생할 수 있다.

미국 사회에서 탄저균이 '뜨거운 감자'로 부상한 것은 바로 이 세균이 대표적인 생화학 무기이기 때문이다. 탄저균은 주변 환경에 따라 포자를 만들어 건조 상태로 10년 이상 생존한다. 이때 생성되는 독소가 혈액 내 면역 세포를 손상시키고 쇼크를 유발하며 심각하면 사망에 이르게 한다. 더욱이 시체에서도 몇 년간 생존할 정도다.

탄저균을 생화학 무기로 사용하려는 시도는 제1차세계대전으로 거슬러 올라간다. 당시 독일군은 연합군의 가축을 몰살시키기 위해 탄저균 연구를 시행했지만 실전에서는 효과를 거두지 못했다. 제2차세계대전이 발발하자 미국과 영국, 독일, 일본 등 여러 국가에서 탄저균을 생화학 무기로 개발했다. 1942년에 영국은 스코틀랜드 연안의 그뤼나드섬에서 양을 상대로 탄저균 생화학 무기 실험을 실시했다. 나치의 생물학전에 대비하려는 것이었다. 하지만 3일 뒤부터 양들이 죽기 시작했고, 결국 그뤼나드섬은 사람과 가축이 살 수 없는 불모지가 되어버렸다.

생화학 무기로 탄저균을 이용하는 데 성공한 나라는 일본이었다. 제2차세계대전 당시 일본은 인간을 대상으로 생체 실험을 포함해 생화학 무기를 개발했다. 이러한 업무를 담당하던 일본 제국 소속 육군 부대가 바로 731부대다. 1936년부터 1945년까지 활동한 이 부대의 정식 명칭은 '관동군검역급수부본부関東軍検疫給水部本部'다. 이름대로라면 전염병을 예방하는 것이 목적이어야 하지만, 이시이 시로石井四郎가 취임하면서 비인간적인 인체 실험을 통해 생화학 무기를 개발하는 업무를 담당했다.

이 생체 실험의 대상자는 우리에게도 잘 알려진 '마루타'라는 이름으로 불렸다. 마루타는 일본어로 통나무를 뜻하는데, 당시 731부대원은 중국의 생체 실험 장소를 제재소로 위장했다. 이곳에 강제로 끌려온 피해자들을 제재소에서 사용하는 재료인 통나무로 비유하면서 이런 이름으로 불렀다. 살아있는 인간을 아무런 고통을 느끼지 못하는 통나무처럼 취급했다는 데서 '마루타'라는 이름이 유래했다고 주장하는 사람도 있다.

이들의 실험은 그야말로 끔찍하기 짝이 없었다. 질병이 인간에게 미치는 영향을 살펴보기 위해 살아있는 상태에서 장기를 제거했다. 동물의 장기와 교체하는 실험도 했다. 당연히 실험자에게는 아무런 마취도 하지 않았다. 우리나라 독립 운동가들에게는 페스트균과 콜레라균을 주입하는 생체 실험을 자행했다. 탄저균이나 천연두균을 주입해 그 결과를 지켜보기도 했다. 실험 대상은 남녀노소를 가리지 않았다.

탄저균의 경우, 병원균이 침투한 부위에 따라 사망률이 다르다. 피부 탄저가 가장 많이 발생하는데, 이 경우 사망률은 약 20퍼센트 내외다. 소화기 탄저는 25~75퍼센트의 사망률을 보이고, 가장 위험한 호흡기 탄저는 50~80퍼센트에 이른다. 이처럼 치명적이기 때문에 여러 국가에서는 탄저균을 생화학 무기로 개발하고자 했다. 인류 역사 속에서 치명적인 영향을 미친 천연두의 치사율이 30퍼센트인 것과 비교하면, 끔찍한 전염병이 아닐 수 없다.

더욱이 탄저균은 핵무기와 비교했을 때 그 위력이 결코 뒤지지 않는다. 그래서 일부 학자들은 탄저균을 '가난한 국가의 핵무기'라고 부르기도 한다. 핵무기에 비해 제조비가 저렴하고 우라늄처럼 희귀한 광석이 필요하지 않기 때문이다. 학자들에 따르면, 대도시를 저공으로 비

■ **탄저균 테러**
9 · 11 테러 이후 미국 전역을 비상사태로 만들었던 탄저균이 든 우편물과 함께 배송된 메시지다.

행하면서 탄저균 100킬로그램을 살포하면 100만~300만 명 이상을 살상할 수 있다. 이는 수소폭탄 1메가톤에 해당하는 엄청난 규모다.

이토록 위협적이고 치명적인 탄저균이 검출되었으니 미국 사회는 말 그대로 공포 그 자체였다. 플로리다주 보건 당국은 신문사에 출입하는 사람들을 면밀하게 검사했는데, 73세 남성의 코 안에서도 탄저균이 검출되었다. 사람의 코가 탄저균에 감염되는 경우는 거의 없었고, 대도시의 건물 내에서 발견된 사례도 없었기 때문에 미국연방수사국Federal Bureau of Investigation, FBI 이를 탄저균을 이용한 생화학 테러로 규정했다. 당시 많은 사람들이 이를 9 · 11테러를 감행한 오사마 빈 라덴Osama bin Laden이 이끄는 테러 집단 알 카에다의 소행이라고 추측했다.

탄저균 테러는 여기서 끝나지 않았다. 며칠 후 NBC, ABC, CBS 등 미국 방송사 관련자 다수도 탄저균에 감염되었다. 민주당 상원 의원인 토머스 다슐Thomas A. Daschle 의원과 「뉴욕 포스트New York Post」사에도 탄저균이 든 우편물이 배달되었다. 한 달 사이에 감염자는 17명이 되었고 사망자는 4명이었다. 보균자는 37명이었는데, 이 가운데 연방의회와 관련된 사람들은 무려 28명이었다.

특히 탄저균이 든 우편물에는 모두 9 · 11 테러가 발생했던 9월 11일 소인消印이 찍혀 있었다. 봉투 안에는 '미국에 죽음을, 이스라엘에 죽음을, 알라신은 위대하다'라는 메시지가 담겨 있었다. 그래서 오사마 빈 라덴에 대한 의심이 더욱 짙어졌다. 하지만 범인을 검거하는 데 실패하면서 결국 미제 사건으로 남게 되었다.

사실 탄저균과 탄저병은 비단 현대사회에만 끔찍한 공포심을 야기하지 않는다. 탄저병에 감염되면 가려움증과 부스럼, 물집이 생겼다가 고름이 나온다. 이때 고름이 검은색으로 보여서 '탄저병'이라는 이름을 얻게 되었다. '석탄'을 의미하는 그리스어 'ἄνθραξ'에서 유래한 것이다. 그래서 오랫동안 검은 딱지는 탄저병의 전형으로 알려졌다.

탄저균을 처음 발견한 사람은 독일 세균학자 로베르트 코흐Robert Koch다. 그는 오늘날 폴란드 서부에 위치한 볼슈틴에서 탄저균을 처음 발견했다. 이는 질병이 세균에 의해 발생한다는 사실을 증명할 수 있는 최초의 입증이었다. 여러 실험을 통해 그는 탄저병의 주기와 전달 경로를 밝혀냈다.

코흐가 탄저병을 이해하는 데 이론적 토대를 마련했다면, 다른 학자들은 실제로 탄저병을 예방하는 방법에 관심을 가졌다. 당시 탄저병은 양모나 가죽, 무두질 산업에 종사하는 사람들 사이에서 두려움의 대상이었다. 19세기 말 영국 의사 존 벨John Henry Bell은 이들 사이에서 '양모병'이라 부르는 것이 탄저병임을 밝혔다.

탄저병은 유럽의 다른 지역에서도 중요한 이슈였다. 당시 프랑스에서는 수천 마리 이상의 양들이 탄저병에 걸려 죽었다. 프랑스 정부가 탄저병을 예방하기 위한 백신을 개발하고자 국가 기금을 따로 마련할 정도였다. 이 문제에 관심을 가지고 있던 사람은 프랑스의 화학자이자 세균학자인 루이 파스퇴르였다.

영국의 의사 에드워드 제너Edward Jenner는 자신이 발견한 우두에 '바리올라에 바키나에Variolae vaccinae'라는 이름을 붙였다. 파스퇴르는 이후 천연두를 넘어 다른 질병으로 백신 예방접종을 확대시켰다. 19세기 말에 그는 닭콜레라를 연구하면서 전염병을 일으키는 세균을 배양한 다음, 오래된 배양균을 주입하면 닭이 면역력을 얻는다는 사실을 알게 되었다. 이렇게 약독화된 균을 '백신'이라고 불렀다. 이 단어는 라틴어로 암소를 뜻하는 '바카(vacca)'에서 유래된 것으로, 우두를 개발한 제너를 기리기 위한 것이었다.

원래 화학자였던 파스퇴르가 미생물에 관심을 가지게 된 것은 와인 때문이었다. 당시 양조업자들이 와인이 쉽게 상하는 이유를 알려달라고 부탁하자 발효에 관한 연구를 시작했다. 그는 발효를 화학 현상으로만 국한시키지 않고 미생물이 관련되어 있을 것이라고 추측했다. 마침내 정상적인 발효는 효모 때문에 발생하지만, 비정상적인 발효는 젖산균과 같은 미생물 때문에 발생한다는 사실을 밝혔다.

이후 파스퇴르는 가장 중요한 업적을 마련했다. 중세부터 널리 확산

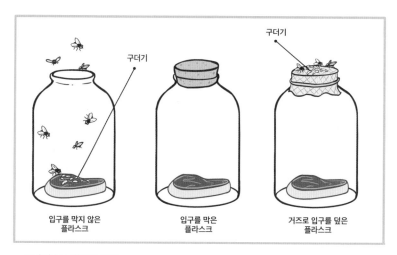

| 입구를 막지 않은
플라스크 | 입구를 막은
플라스크 | 거즈로 입구를 덮은
플라스크 |

■ **프란체스코 레디의 실험**
프란체스코 레디는 이 실험을 통해 구더기가 자연적으로 발생하지 않는다는 사실을 입증했다.

되었던 '자연발생설'을 무너뜨린 것이다. 오랫동안 사람들은 썩은 고기에서 구더기가 발생하고 상한 음식에서 미생물이 생긴다고 믿었다.

하지만 1669년 이탈리아의 의사 프란체스코 레디Francesco Redi는 썩은 고기를 병에 넣었다. 한쪽은 뚜껑을 덮고 다른 한쪽은 뚜껑을 덮지 않은 채 비교 실험을 실시했다. 그 결과, 뚜껑을 덮어서 파리가 알을 낳지 않은 고기에서는 미생물이 발생하지 않는다는 사실을 입증했다. 그러나 18세기 말까지 여전히 많은 학자들이 자연발생설을 믿고 있었다.

1862년에 파스퇴르는 매우 유명한 실험을 했다. 바로 '백조 목 플라스크' 실험이다. 이 실험에서 그는 목이 길게 굽은 플라스크에 고기 수프를 넣고 가열한 다음 살균했다. 그 결과 수프에는 미생물이 발생하지 않았다. 그런데 플라스크의 구부러진 목 부분에 수프를 끓일 때

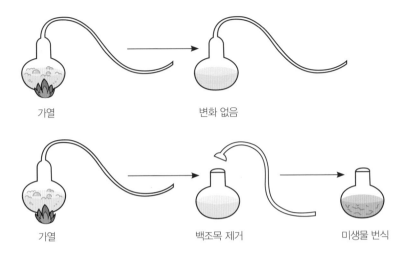

가열 변화 없음

가열 백조목 제거 미생물 번식

■ **백조목 플라스크 실험**
백조목을 그대로 두고 가열했을 때는 목 부분에 맺힌 수증기 때문에 외부의 공기와 고기 수프가
차단되어 미생물이 번식하지 않는다. 반대로 백조목을 제거했을 때는 공기 중의 미생물이 고기
수프와 만나 뿌옇게 번식한다.

생긴 수증기가 맺혔다. 바로 이 수증기가 외부 공기와 수프 사이에 벽
처럼 작용해 미생물이 수프 속으로 들어가는 것을 막아준 셈이다. 이
실험을 통해 파스퇴르는 오랫동안 유럽을 지배했던 자연발생설이 잘
못된 이론이라는 것을 입증했다.

　1870년대부터 그가 관심을 가진 대상은 동물과 사람에게서 발생하
는 감염병이었고, 그 시작은 바로 탄저병이었다. 1881년 5월, 그는 명
의 조수 및 다른 사람들과 함께 실험을 수행했다. 25마리의 양과 1마
리의 염소, 그리고 6마리의 소가 실험 대상이었다. 파스퇴르는 이 동
물들을 두 집단으로 나누었다. 한 집단에는 탄저병 백신을 2주 간격으
로 접종했다. 접종할 때마다 탄저균의 독성은 조금씩 더 강해졌다. 다

른 집단의 동물에는 백신을 접종하지 않았다.

　이 실험에서 그는 동물에게 탄저병 백신을 주사하면 동물이 탄저병에 걸리지 않을 것이라는 가설을 세웠다. 첫 번째 접종을 한 지 한 달이 지나 두 집단의 동물에게 살아있는 탄저균을 주사했다. 그의 가설대로 백신을 접종한 집단의 동물은 모두 살아남았지만, 백신을 접종하지 않은 집단의 동물은 모두 죽었다. 백신을 통해 면역력을 가지게 된 것이다. 이를 통해 파스퇴르는 다시 한번 세균에 의해 전염병이 발생하고, 이를 예방하기 위해서는 백신이 필요하다는 사실을 입증했다.

　탄저병 백신을 개발한 뒤 파스퇴르는 또다시 백신 연구에 몰두했다. 그에게는 뼈아픈 기억이 있었다. 1831년 10월, 프랑스 동부의 한 마을에서 어느 소년이 대장간을 뛰쳐나갔다. 다름 아닌 파스퇴르였다. 소년의 귀에는 아직도 뜨겁게 달군 쇠가 사람의 살을 태우는 소리와 고통으로 신음하는 소리가 들렸다. 같은 마을에 사는 농부가 입에 거품을 물고 울부짖는 늑대에게 물린 것이다.

　당시에는 상처 부위를 달군 쇠로 지지면 상처를 통해 들어온 마귀를 죽일 수 있다고 믿었다. 하지만 대장간에서 쇠로 지지는 것은 별다른 효과가 없었다. 늑대에게 물린 여덟 명의 마을 사람은 몇 주 동안 숨이 막히고 목이 타는 고통을 겪다가 결국 세상을 떠났다. 이 장면은 오랫동안 파스퇴르의 기억 속에 생생하게 남아 있었다. 그리고 광견병 백신을 개발하는 데 중요한 계기가 되었다.

　1885년 5월, 파스퇴르는 광견병 백신을 접종했다. 파스퇴르의 일기에 따르면, 파스퇴르는 의사가 아니었기 때문에 동료 의사 에밀 루 Emile-Roux가 백신을 접종했다. 이 환자에게 접종한 백신은 약독화 백

신(attenuated vaccine)이었다. 약독화 백신은 무해한 병원균을 이용하거
나 병원균의 독성을 줄인 백신을 가리킨다.

파스퇴르가 개발한 광견병 백신은 토끼를 이용한 것이었다. 토끼를
광견병 바이러스에 감염시킨 뒤 척수를 수산화칼륨(KOH)을 이용해
장기간 건조시켰다. 이러한 과정에서 광견병을 유발하는 광견병 바이
러스의 독성이 약화되었다. 처음에는 백신을 개에게 주사했다. 실험
결과, 개는 광견병에 걸리지 않았다. 이를 통해 파스퇴르는 사람에게
도 자신이 개발한 광견병 백신이 효과가 있을 것이라고 짐작했다. 하
지만 사람을 대상으로 실험한다는 것은 매우 어려운 일이었다. 당시

개에 물려 광견병에 걸리는 사람들은 많았지만, 이들을 선뜻 실험 대상으로 삼을 수는 없는 노릇이었다.

1885년 7월 6일, 한 소년이 어머니와 함께 파스퇴르를 찾아왔다. 후일 이 소년은 남은 일생 동안 파스퇴르연구소의 문지기를 지냈다. 당시 아홉 살이었던 조제프 메스테르Joseph Meister는 광견병에 걸린 개에게 팔과 다리를 심하게 물렸다. 메스테르를 처음 진찰한 의사는 도저히 살아날 가망이 없다고 판단했다. 하지만 소년의 어머니는 아들을 포기하지 못했다. 그녀는 대장간에서 불에 달군 쇠막대기로 살을 지지는 것을 차마 볼 수 없었다. 마침 파스퇴르가 광견병 백신을 개발했다는 이야기를 듣고서 아들을 데려왔다. 이때 파스퇴르는 자신이 개발한 백신을 사람에게도 실험해보기로 했다. 그야말로 어려운 결심이었다.

파스퇴르는 처음에는 약한 백신에서 시작해 점차 강한 백신을 주사했다. 그런 다음 초조한 마음으로 실험 결과를 지켜보았다. 며칠이 지났지만 메스테르에게는 광견병 증상이 나타나지 않았다. 그가 세운 가설이 옳았고 발명한 백신이 효과가 있었던 것이다.

메스테르에게 주사한 광견병 백신은 비단 프랑스뿐만 아니라 전 세계를 깜짝 놀라게 했다. 당시 「뉴욕 타임스New York Times」를 비롯해 전 세계의 신문들은 파스퇴르가 광견병 치료법을 개발했다고 대서특필했다. 물론 파스퇴르의 백신은 광견병에 걸린 동물에게 물린 다음에 주사하므로 미리 병을 예방하지 못한다는 한계가 있었다. 그렇지만 당시 의학적 지식의 수준으로는 기적이나 다름없었다.

한편으로는 수많은 사람이 파스퇴르의 업적을 칭송했지만, 다른 한편으로는 백신에 대한 비판도 제기되었다. 당시 광견병 여부를 확신

할 수 있는 방법은 많지 않았다. 개에게 물렸다고 해서 무조건 광견병에 걸리는 것은 아니었기 때문이다.

가장 확실한 방법은 개를 붙잡아 광견병에 걸렸는지 확인하는 것이었다. 그러나 개를 포획하는 일은 쉽지 않았다. 설사 광견병에 걸린 개에게 물렸더라도 어떤 사람들은 별다른 치료를 받지 않아도 광견병에 걸리지 않았다. 따라서 파스퇴르는 자신이 발명한 백신 때문에 광견병 사망자 수가 크게 감소했다고 주장하기는 어려운 상황이었다.

더욱이 광견병 백신의 초기 효과는 상당히 불안정했다. 1885년 말까지 파스퇴르연구소에서 광견병 백신을 맞은 80명 가운데 3명이 사망했다. 당시 파스퇴르는 백신을 맞지 않았다면 사망자 수가 더 많았을 것이라 주장했지만, 사람들이 관심을 가진 것은 사망자의 수가 아니었다. 사망자가 발생했다는 사실 그 자체였다. 사람들은 그를 '살인자'라고 부르기 시작했다.

어떤 사람들은 광견병 백신을 맞아서 오히려 광견병에 걸린다고 주장하기도 했다. 파스퇴르가 광견병에 감염된 토끼의 척수로 백신을 만들기 때문에 이 백신이 몸에 해롭다고 생각한 것이다. 또 어떤 사람들은 백신 접종 시기 때문에 이런 주장을 내세우기도 했다. 이 시기에 파스퇴르가 광견병 환자에게 가장 먼저 주사한 것은 광견병에 걸린 토끼 척수를 14일 동안 건조해서 만든 가장 약한 백신이었다. 점차 백신 강도를 높여서 가장 마지막에는 5일 동안 건조한 백신을 주사했다. 마지막 단계의 백신은 그야말로 광견병 그 자체라고 생각했다.

생명의 자연발생설에 종지부를 찍고, 닭콜레라와 탄저병 등 많은 동물 질병을 연구해 쌓은 파스퇴르의 명성은 광견병 백신 때문에 붕

괴될 위기에 직면했다. 파스퇴르가 더욱 두려워했던 것은 프랑스 외 지역에서 광견병 백신을 잘못 사용하는 일이었다. 이러한 이유 때문에 좀처럼 광견병 백신 제조 방법을 공개하지 않았다. 대신 광견병에 걸린 사람들을 프랑스로 보내면 새로운 연구소를 설립해 백신을 접종하겠다고 했다.

1885년 말 미국에서 광견병에 걸린 소년들이 파리에 도착했다. 러시아에서도 늑대에 물린 광견병 환자 19명이 프랑스로 이동했다. 이들은 모두 광견병 백신을 맞고 광견병으로부터 안전해졌다. 비록 그중 일부는 사망했지만, 파스퇴르는 일찍 백신을 맞지 않았기 때문이라고 주장했다.

파스퇴르는 19세기 의학에 혁명을 일으켰다. 질병의 원인을 명확하게 규명했고, 백신 개발을 통해 합리적인 치료법을 제시함으로써 오랫동안 유럽을 지배한 전통 의학에서 벗어나 근대 의학이 발전할 수 있는 토대를 마련했다. 그의 업적이 언제나 좋은 평가만 받았던 것은 아니다. 광견병 백신은 가장 많은 반발을 초래한 연구였다. 그럼에도 불구하고 파스퇴르는 백신 발명을 통해 19세기 말 프랑스 과학을 최고의 수준으로 끌어올렸다.

3. 밀워키 프로토콜과 프랑스의 파스퇴르화

이미 1885년에 파스퇴르가 광견병 백신을 개발했지만, 오늘날에도 광견병은 여전히 치명적인 질병이다. 파스퇴르의 백신은 광견병에 걸린 동물에게 물려서 증상이 나타나기 전에 접종해야 효과가 있기 때문이다. 즉, 증상이 나타난 뒤에는 백신이 아무런 효과가 없다는 말이다.

광견병의 특징 가운데 하나는 잠복기가 길다는 것이다. 보통 잠복기가 20~90일 정도다. 물린 횟수나 정도에 따라 잠복기는 다소 달라지는데, 광견병 환자 가운데는 4~5일 만에 증상이 나타나는 사람도 있었고, 19년 동안 증상이 나타나지 않은 사람도 있었다. 그래서 이 기간에 백신을 맞으면 대부분의 사람들은 효과가 있다고 볼 수 있다.

하지만 일단 광견병 증상이 나타나기 시작하면 매우 급속하게 진행된다. 처음에는 물린 부분이 저리거나 아프다. 이 통증은 광견병에 걸린 동물에게 물려서 아픈 것이 아니다. 광견병 바이러스가 근육세포를 감염시킨 후 세포 상해를 유발하기 때문이다. 통증 외에도 무기력증이나 두통, 구토 등의 증상도 발생한다. 이 시기에 광견병 항체가 생기면 생존율은 높아진다.

이후 광견병 바이러스는 신경을 통해 뇌에 영향을 미치기 시작한다. 감기와 비슷한 증상이 발생하고 신경 문제가 나타난다. 착란이나 섬망, 발작, 공격성 등이 대표적인 증상이다. 증상이 심해지면 손발을 묶어야 하는 경우도 있다. 목이 마르지만 물을 무서워하는 증상도 나타난다. 그래서 광견병을 '공수병(恐水病)'이라고도 부른다. 물을 마시는 과정에서 후두나 가로막에 근육 경련이 발생하기 때문이다. 대부분의 환자는 증상이 발생한 지 10일 이내에 혼수상태에 빠지고, 2주 정도 지나면 호흡 마비로 사망하게 된다.

광견병의 가장 큰 문제점은 사실상 별다른 치료 방법이 없다는 사실이다. 광견병은 치사율이 높은 질병이다. WHO에 따르면, 광견병은 백신으로 예방할 수 있지만 일단 증상이 나타나면 치사율은 100퍼센트다. 전 세계적으로 매년 약 3,000만 명이 광견병에 걸린 동물에게 물린 뒤 사후 백신을 접종받는다. 하지만 대부분의 광견병은 아시아나 아프리카의 가난하고 취약한 지역에서 발생하기 때문에 이 지역 사람들이 백신을 접종받는 것은 그리 쉬운 일이 아니다.

많은 의사들은 백신 외에도 효과적인 광견병 치료 방법을 개발하기 위해 노력하고 있다.

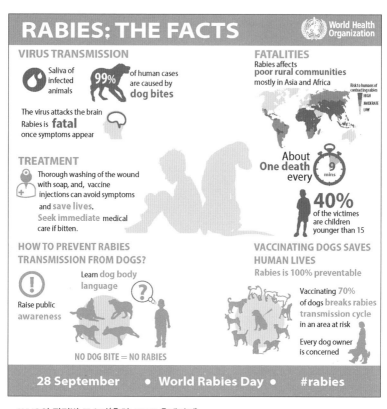

■ WHO의 광견병 포스터(출처: WHO 홈페이지)

이 가운데 한 가지는 바로 '밀워키 프로토콜Milwaukee protocol'이다. 광견병에 걸린 환자를 화학적인 방법을 이용해 인위적으로 혼수상태에 빠뜨린 다음, 항바이러스 약물로 광견병을 치료하는 것이다.

밀워키 프로토콜로 치료를 받아 생명을 구한 최초의 환자는 제나 기즈Jeanna Giese였다. 위스콘신주의 고등학생이었던 그녀는 교회에 가는 길에 박쥐를 잡다가 물리고 말았다. 이후 과산화수소H₂O₂로 치료를 받고 대수롭지 않게 생각했다. 하지만 37일 후 고열과 함께 팔을 물어뜯는 등 이상 증상이 발생하기 시작했다. 증상이 악화되자 그녀의 어머니는 박쥐에게 물린 사실을 말했고, 바로 광견병 검사를 받아 감염을 확인했다.

제나는 이미 광견병 증상이 발생했기 때문에 백신이 아무런 소용이 없었다. 당시 그녀를 치료한 위스콘신 의과대학 의사 로드니 윌로우바이Rodney Willoughby Jr.는 제나를 인위적으로 혼수상태에 빠트렸다. 당시 의사들은 광견병 환자의 죽음이 일시적인 뇌 기능 장애 때문이라고 생각했다. 다시 말해, 광견병에 걸려도 뇌 자체는 거의 손상되지 않는다고 믿었던 것이다. 윌로우바이가 제나를 인위적 혼수상태에 빠트린 것은 바로 뇌를 보호하기 위해서였다.

인위적 혼수상태란 단어 그대로 약물을 사용해 인위적으로 혼수상태를 유도하는 것을 의미한다. 이는 주로 뇌에 가해질 수 있는 충격으로부터 뇌를 보호하거나, 부상 또는 질병을 치료하는 과정에서 환자의 고통을 덜어주기 위해 시행된다. 윌로우바이 연구팀은 제나를 인위적 혼수상태에 빠지게 하고, 체내 면역 체계가 광견병 바이러스에 대해 항체를 생성할 수 있기를 기대했다. 6일 후에 면역 체계 활동이 진행되자 인위적 혼수상태를 중단시켰다. 이후 제나는 광견병 바이러스가 사라졌다고 판정받았고, 뇌 인지 상태도 별다른 손상이 없었다. 그녀는 이전처럼 정상적인 생활을 할 수 있었다.

하지만 아직까지 밀워키 프로토콜은 의사들 사이에서 논란의 대상이 되고 있다. 환자를 인위적 혼수상태에 빠지게 해서 뇌 조직을 보호하고 스스로 면역 체계를 형성해 광견병 바이러스를 물리치도록 하는 프로토콜은 상당히 이상적으로 보인다. 하지만 이 방법이 모든 환자에게 잘 들어맞는 것은 아니었다. 이후에 시행된 밀워키 프로토콜에서는 25명의 환자 가운데 2명만 생존했고, 개정된 프로토콜에서도 10명의 환자 가운데 2명만 목숨을 구했다.

이러한 결과를 보고 일부 의사들은 당시 제나의 상태가 특별했다고 주장했다. 어떤 의사들은 그녀가 뇌에서 멀리 떨어진 부위를 물려 광견병 바이러스로부터 회복될 수 있는 충분한 시간이 있었다고 생각했다. 또 다른 사람들은 제나를 물었던 박쥐의 광견병 바이러스가 약했을 것이라 추측한다. 하지만 그녀를 물었던 박쥐를 잡아서 확인하지 못했기 때문에 이 모든 것은 그저 의문과 추측에 싸여 있을 뿐이다.

과거에도, 그리고 지금도 광견병 백신과 치료법은 논란의 중심에 있다. 하지만 프랑스인들은 파스퇴르를 여전히 위대한 과학자로 칭송한다.

실험실에서 연구하는 과학자들을 대상으로 과학적 사실이 어떻게 만들어지는지 연구한 사람이 있다. 그는 자신의 저서에서 실험실의 쥐에서 추출한 샘플이 복잡한 장치와 절차를 거쳐 데이터가 되고 논문으로 작성되는 과정을 묘사했다. 더불어 과학적 내용이 자연에 의해 결정된다는 주장과 사회적 요인에 의해 결정된다는 주장이 사실은 동일한 실수라고 비판하는 저서를 출간하기도 했다. 그에 따르면, 자연이나 사회는 논쟁의 결과이지 원인은 아니다. 이 사람은 바로 프랑스 인류학자이자 사회학자이자 과학기술학자인 브뤼노 라투르[Bruno Latour]다.

라투르는 '테크노사이언스(technoscience)'라는 용어의 창시자로 유명하다. 테크노사이언스는 쉽게 말해 과학과 기술이 분리된 것이 아니

■ **브뤼노 라투르**
인문학과 사회과학, 자연과학의 경계를 허문 과학인문학의 창시자이자 가장 영향력 있는 과학기술학자다.

라 현대 과학기술 지식의 대부분이 밀접하게 연결되어 있음을 의미한다. 라투르는 서구에서 발전한 테크노사이언스가 어떻게 전 지구적으로 영향을 미치게 되었는지 관심을 가지고 있었다. 그는 실험실에서 생산되는 과학적 사실이 안정적이고 충성스러운 동맹 관계를 형성하고, 반대자들을 설득하기 위해 물리적 장치로서 논문을 활용한다고 생각했다.

이와 더불어 라투르에게 가장 중요한 것은 행위자의 연결망(network)이었다. 그는 이질적인 행위자(actor)들이 서로의 이해관계 속에서 교섭하고 협상하면서 하나의 연결망을 만들어나가는 과정이 바로 '논쟁'이라고 생각했다. 나아가 이 과정 속에서 인간 행위자뿐만 아니라 비인간 행위자가 동등한 행위능력(agency)을 가지고 있다고 주장했다. 이러한 주장을 뒷받침하는 사례로 그는 바로 파스퇴르의 백신 연구를 선택했다.

1984년에 라투르는 『프랑스의 파스퇴르화*The Pasteurization of France*』라는 저서를 출간했다. 이 저서는 미생물이 질병의 원인임을 밝혀낸 파스퇴르에 대한 사례 연구다. 이 저서에서 라투르는 인간 행위자 외에도 미생물과 같은 비인간 행위자들이 나름대로 행위능력을 가지고 사회를 구성한다고 주장했다. 그에 따르면 사회는 인간들로만 구성되는 것이 아니다. 어디에서나 미생물이 간섭하고 행위를 한다. 이러한 주장을 입증하기 위해 그는 파스퇴르의 탄저병 백신 연구를 사례로 들었다.

19세기 말, 프랑스 전역에 만연한 탄저병은 수많은 농민을 괴롭힌 질병이었다. 파스퇴르는 탄저병의 원인과 치료법을 개발하기 위해 이 질병을 자신의 실험실로 가져왔다. 라투르에 따르면, 이 실험실은 파스퇴르가 통제할 수 있는 공간이다. 파스퇴르는 이 공간에서 여러 실험을 통해 탄저병의 원인을 연구했고, 탄저균의 특징을 추출해서 자신이 통제할 수 있도록 만들었다. 그런 다음 플라스크 속의 백신 형태를 개발했다.

라투르는 이러한 과정이 지금까지 설명해온 간단한 것으로만 이해해서는 안 된다고 주장한다. 다시 말해, 현미경을 이용해 탄저균을 발견하고 여러 방법으로 탄저균을 약화시켜 백신을 개발한 다음, 이를 동물에게 주사하면 탄저병을 예방할 수 있다는 사실을 밝힘으로써 질병 세균설을 다시 한번 확립한 사건이라고 단순하게 이해해서는 안 된다는 것이다.

파스퇴르는 자신의 실험을 성공시키기 위해 실험실 환경을 프랑스 농촌과 유사하게 만들어야 했다. 이러한 변화 과정에는 수많은 집단의 이해관계가 얽혀 있었고, 그는 성공적인 실험 결과를 위해 이해 집단을 설득해야만 했다. 대표적인 이해 집단으로는 축산업자나 수의사, 프랑스 보건 당국과 같은 인간뿐만 아니라 소나 양과 같은 동물도 있었고 탄저균과 같은 세균도 있었다. 다양한 이해 집단과 동맹 관계를 형성하고 이들을 설득하는 과정에서 파스퇴르가 발견한 과학 지식이 프랑스 사회 전체로 확산되었다. 이것이 바로 라투르가 주장하는 '행위자-연결망 이론'의 핵심이라 할 수 있다.

이러한 점에서 본다면 파스퇴르의 백신 발견은 생물학이나 세균학, 의학의 발전에만 영향을 미친 것이 아니다. 과학 지식이 사회 전체로 확산되는 과정 속에서 발생하는 사회적 구성 요소의 관계와, 나아가 질병 치료 방법을 둘러싼 윤리적 논란에 이르기까지 파스퇴르는 여러 영역에 영향을 미쳤다. 한 가지 분명한 사실은 파스퇴르 덕분에 백신은 다양한 질병으로까지 광범위하게 확산되었고, 인류의 삶은 이전보다 훨씬 풍요로워졌다는 것이다.

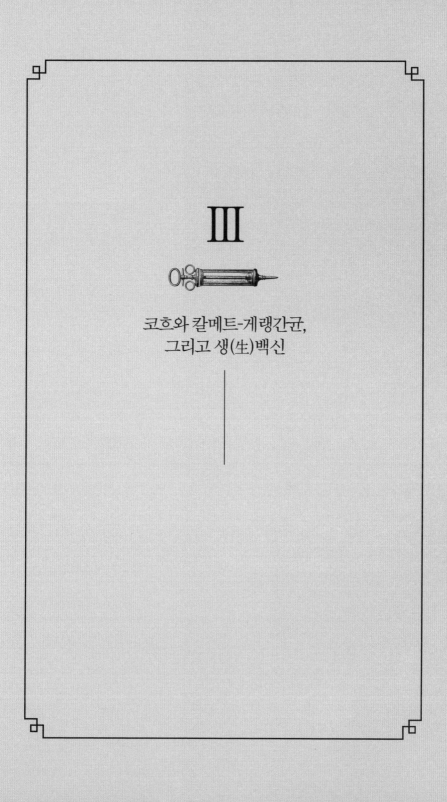

III

코흐와 칼메트-게랭간균,
그리고 생(生)백신

1. 소모성 질환과 백색 흑사병

병과 가난으로 고통스러운 생활이 계속되자 동반 자살을 약속한 사람들이 있었다. 하지만 살고자 하는 의지가 좀 더 강한 사람의 반대로 무산되고 말았다. 이후 한 사람은 자신의 소설에서 다음과 같이 아쉬움을 토로했다.

당신만 싫지 않다면 나는 오늘밤으로 치러버리고 말 작정이었다. 한 개 요물에게 부상해서 죽는 것이 아니라 27세를 일기로 하는 불우의 천재가 되기 위하여 죽는 것이다. 당신과 나 – 이 신성불가침한 찬란한 정사.

■ **소설가 김유정**
농촌 사회의 비참함을 해학적으로 묘사한 김유정은 결핵으로 사망했다.

그런데 두 사람은 거의 비슷한 시기에 세상을 떠났다. 한 사람은 1937년 3월 29일, 다른 한 사람은 같은 해 4월 17일에 사망했다. 동반 자살을 하지 않았지만 함께 세상을 뜨고자 했던 그들의 바람이 이루어진 셈이다. 이들에게는 한 가지 공통점이 있었다. 바로 폐결핵을 앓았다는 사실이다. 두 사람은 바로 김유정金裕貞과 이상李箱이었다.

김유정은 농촌을 배경으로 한 소설로 우리에게 유명하다. 대표적인 작품으로는 등단 작품인 『소낙비』를 비롯해 『동백꽃』, 『봄봄』, 『금 따는 콩밭』 등이 있다. 하지만 처음부터 소설을 집필한 것은 아니다. 그가 연희 전문학교를 다닐 때 한 기생을 연모해 스토킹한 이야기는 너무나도 유명하다. 그런데 그녀가 자신의 마음을 받아주지 않자 춘천 실레마을로 낙향해 술에 빠져 살았다.

이후 가난이 극심해지고 건강이 악화되자 친구의 권유로 소설을 쓰기 시작했다. 그래서 실제로 김유정이 작품 활동을 한 시기는 2년 정도밖에 되지 않는다. 이 시기 동안 그가 남긴 작품은 30여 편에 이르니 문학에 대한 열정과 재능이 얼마나 대단했는지 짐작할 수 있다.

김유정은 가난에 찌들어 살았다. 흔히 '빈곤병'이라 불리는 결핵은 전 세계적으로 가난한 국가에서 발병률이 높다. 연구 결과에 따르면, 결핵 환자 가운데 저체중 환자가 과체중 환자에 비해 사망률이 5배 이상 높았다. 결핵 약이 개발되기 전에는 따뜻하고 건조한 환경에서 영양이 풍부한 식사를 통해 결핵균을 이겨내는 것만이 유일한 치료법이어서 결핵과 빈곤은 상관관계가 높았다. 따라서 가난을 이기지 못한 김유정이 결핵에 걸리는 것은 어쩌면 당연한 결과였을지도 모른다.

김유정의 가난한 삶은 친구에게 보내는 다음 편지에서 더 잘 드러난다.

필승아. 나는 날로 몸이 꺼진다. 이제는 자리에서 일어나기조차 자유롭지 못하다. 밤에는 불면증으로 하여 괴로운 시간을 원망하고 누워 있다. 그리고 맹열이다. 아무리 생각하여도 딱한 일이다. 이러다가는 안 되겠다. 달리 도리를 차리지 않으면 이 몸을 다시는 일으키기 어렵겠다. 필승아. 나는 참말로 일어나고 싶다. 지금 나는 병마와 최후의 담판이다. 홍패가 이 고비에 달려 있음을 내가 잘 안다. 나에게는 돈이 시급히 필요하다. 그 돈이 없는 것이다. 필승아. 내가 돈 백 원을 만들어볼 작정이다. 동무를 사랑하는 마음으로 네가 좀 조력하여주기 바란다. 또 다시 탐정소설을 번역해보고 싶다. 그 외에는 다른 길이 없는 것이다. 허니, 네가 보던 중 아주 대중화되고 흥미 있는 걸로 두어 권 보내주기 바란다. 그러면 내 50일 이내로 역(譯)하여 너의 손으로 가게 하여주마. 하거든 네가 극력 주선하여 돈으로 바꿔서 보내다오. 필승아. 물론 이것이 무리임을 잘 안다. 무리를 하면 병을 더친다. 그러나 그 병을 위하여 무리를 하지 않으면 안 되는 나의 몸이다. 돈이 생기면 우선 닭 30마리를 고아 먹겠다. 그리고 땅꾼을 들여 살모사, 구렁이를 10여 마리 먹어보겠다. 그래야 내가 다시 살아날 것이다. 그리고 궁둥이가 쏙쏙구리 돈을 잡아먹는다. 돈, 돈, 슬픈 일이다. 필승아. 나는 지금 막다른 골목에 맞닥뜨렸다. 나로 하여금 너의 팔에 의지하여 광명을 찾게 하여 다오. 나는 요즘 가끔 울고 누워 있다. 모두가 답답한 사정이다. 반가운 소식 전해 다오. 기다리마.

이상도 폐결핵으로 짧은 생을 마감했다. 그는 2,000편이 넘는 시와 수필, 소설 등을 집필했다. 원래 건축 기사로 일하면서 시와 소설을 집필했지만, 각혈 증세를 보인 후 폐결핵 진단을 받자 문학 활동에만 전념하기 시작했다. 요양 갔던 온천에서 알게 된 기생 금홍이와 종로에 찻집을 차리면서 살았지만, 결국 실패했다. 이후 도쿄로 갔다가 구금되었고, 폐결핵이 악화되어 그곳에서 사망했다.

놀라운 사실은 18, 19세기의 예술가들에게 결핵은 매우 특별한 질병이었다는 것이다. 당시에 결핵을 치료하는 유일한 방법이 공기 좋은 지역에서 요양하는 것이었기 때문에 이를 낭만적이라고 생각하는 사람들도 많았다고 한다. 흰 손수건의 붉은 각혈이 예술적 영감을 불러일으킨다고 생각했을지도 모른다. 그래서인지 사람들은 결핵을 낭만적 질병이라고 생각했다.

영국 시인 조지 바이런^{George Gordon Byron} 경은 "결핵에 걸리고 싶다. 그래서 내가 죽으면 사람들은 참 아름답게 죽었다고 말하겠지"라고 말했다. 프랑스 여성 작가 조르주 상드^{Georges Sand}도 결핵으로 죽어가고 있던 쇼팽에게 음악적 영감의 근원은 바로 결핵이라고 믿었다. 그래서 많은 예술 작품에 결핵에 걸린 주인공이 종종 등장한다.

해마다 크리스마스가 되면 상연되는 오페라가 있다. 파리 뒷골목에서 가난하게 살면서 기쁨과 절망을 느끼고, 이를 통해 성장하는 젊은 이들의 이야기를 그린 작품이다. 작품 속 여자 주인공 미미^{Mimi}와 남자 주인공 로돌포^{Rodolfo}는 운명처럼 사랑에 빠진다.

하지만 자신의 무능함 때문에 미미의 지병이 계속 악화된다고 생각한 로돌포는 그녀와 헤어지기로 결심했다. 그렇지만 로돌포는 여전히 미미를 그리워하는데, 결국 그녀는 가난 때문에 지병이 악화되어 사망한다. 자코모 푸치니^{Giacomo Puccini}의 오페라 〈라 보엠^{La Bohème}〉이다. 오페라 속 미미가 걸린 질병은 폐결핵이었다.

대하소설 『토지』로 유명한 박경리는 소설 『김약국의 딸들』이라는 명작도 남겼다. 이 소설에도 폐결핵 환자가 등장한다. 김약국의 주인 봉제의 딸 연순은 아름답고 심성이 고왔지만, 한 가지 약점이 있었다. 소설에서는 "해가 지면 열이 오르고 입술이 붉어졌다" 또는 "그런 뇌점병쟁이가 어찌 시집을 갈꼬" 등의 표현이 등장한다. 그녀는 폐결핵 환자였다. 뇌점병은 폐병을 뜻한다. 결국 소설 속에서 그녀는 남편의 외도를 알게 되고 폐결핵이 악화되어 사망한다.

첫 개인전을 열었지만 결국 마지막 개인전이 되어버린 화가가 있다. 긴 목과 긴 얼굴, 분명한 선과 마치 꿈을 꾸는 듯한 표정. 화가의

■ 아메데오 모딜리아니, 「큰 모자를 쓴 잔 에뷔테른」
20세기 초 술과 마약에 중독된 천재화가 모딜리아니는 너무 가난했고 결국 결핵으로 사망했다.

그림에 등장하는 인물들은 한편으로는 우울해 보이면서도 다른 한편으로는 따뜻해 보인다. 이 그림을 그린 사람은 바로 아메데오 모딜리아니Amedeo Modigliani다. 그의 그림을 보는 사람들은 우울함과 위안을 동시에 느낄 수 있다.

모딜리아니의 대표적인 그림 가운데 하나는 「큰 모자를 쓴 잔 에뷔테른」이다. 그녀는 모딜리아니의 아내였다. 그림 속 그녀는 얼굴이 길고 갸름한 타원형에 어깨선이 둥글고 큰 모자를 쓰고 있다. 전체적으로 부드러운 곡선이 연결되면서 그녀의 우아함이 드러난다.

모딜리아니와 잔의 사랑 이야기는 매우 유명하다. 가난 때문에 부모 집으로 강제로 끌려간 그녀는 모딜리아니가 사망하자 다음 날 자살했다. 모딜리아니의 사인은 결핵이었다.

예술가들에게 폐결핵은 난치병임에도 다른 질병과 비교했을 때 덜 비참했다. 폐결핵에 걸리면 살이 빠지면서 몸매가 마르게 된다. 피부도 창백해진다. 그래서 오랫동안 폐결핵은 '소모성 질환(consumption)' 또는 '백색 흑사병(white plague)'이라 불렸다.

소모성 질환이라는 용어는 갈레노스^{Claudios Galenos}의 문헌에 최초로 등장하는데, '소진된다'는 뜻을 지닌 그리스어 '프티시스(phthisis)'에서 유래되었다. 백색 흑사병은 결핵에 걸리면 제대로 숨을 쉬지 못해 오랜 기간 창백해 보이다가 사망하기 때문에 흑사병처럼 두렵다는 의미에서 유래되었다고 한다.

이러한 증상 때문에 폐결핵을 둘러싸고 많은 오해가 발생하기도 했다. 18세기 계몽주의 철학자 프랑수아 볼테르^{Francois-Marie Arouet Voltaire}는 한 권의 책을 출간했는데, 이후 분량이 증가하면서 총 네 권의 저서가 되었다. 원래 제목은 『휴대용 철학사전^{Dictionnaire philosophique portatif}』이었지만, 이후 『알파벳순의 이성^{La raison par alphabet}』으로 변경했다. 이 저서에서 그는 한 가지 항목에 대해 다음과 같이 설명했다.

밤에 무덤에서 나와 살아있는 사람의 피를 빨아먹는 시체다. 사람의 목이나 배를 깨물어 피를 빨아 마신 후 무덤으로 돌아간다. 그에게 피를 뺏긴 사람은 점차 창백해지고 힘을 잃고 쓰러진다. 반면 피를 마신 시체는 살이 오르고 피부가 붉은 빛이 돈다.

흡혈귀에 관한 설명이다. 당시 많은 사람이 폐결핵 때문에 얼굴이 창백해지고 쇠약해졌지만, 18세기까지도 이를 흡혈귀의 짓이라고 생각했던 것이다.

폐결핵이 흡혈귀의 소행이 아니라는 사실이 밝혀진 때는 결핵균이 발견된 뒤였다. 결핵은 결핵균에 의해 발생하는 감염병인데 주로 폐가 감염된다. 결핵균을 흡입하고 균이 폐에 쌓이는 과정에서 살아남은 균이 림프계나 혈관계를 통해 다른 장기로 퍼져나간다. 이때 폐의 대식세포는 지속적인 신호를 보내는데, 이 신호 때문에 면역세포가 모여 육아종을 형성한다. 육아종은 육아조직에 의한 염증성 결절을 의미한다. 후일 완치되더라도 상처의 흔적이 남는다. 그래서 결핵을 앓은 사람은 X선 사진을 찍으면 구멍이 뚫린 것처럼 보인다.

인류 역사상 가장 많은 사람을 사망에 이르게 한 전염병은 결핵이다. 결핵의 기원은 기원전 7000년경으로 거슬러 올라간다. 오늘날 이스라엘 아틀릿얌에서 발견된 신석기시대 유골에서 결핵 감염의 증거가 발견되었다. 현재까지 발견된 것 가운데 가장 오래된 증거물이다. 이를 토대로 학자들은 농경이 시작되기 전 수렵·채집 시대부터 결핵이 존재한 것으로 추정하고 있다.

기원전 2050년경부터 약 1,000년 동안 이집트인들은 아몬 신을 숭배했다. '눈에 보이지 않는 것'을 상징하는 아몬 신은 이집트 최고신으로 숭배되었다. 그런데 아몬 신 대신 다른 신을 숭배한 파라오가 있었다. 그는 모든 민족에게 공통으로 적용되는 세계종교를 이상으로 삼고 있었기 때문에 태양을 상징하는 아톤 신을 숭배했다. 하지만 당시 이집트 수도였던 테베에는 아몬 신을 숭배하는 사제들이 막대한 권력과 부를 가지고 있었으므로 종교개혁을 단행하고자 했던 파라오는 자신의 이름을 개명하고 텔 엘 아마르나로 천도했다. 이 파라오는

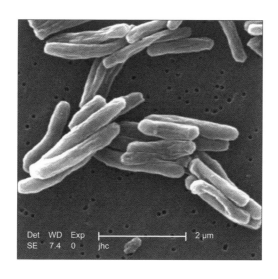

■ **결핵균**
결핵을 일으키는 결핵균은 운동 능력이 없는 막대균 모양으로, 포자를 형성하지 않고 매우 천천히 증식한다.

아크나톤^{Akhenaten}이다. 아크나톤은 '아톤에게 이로운 자'라는 의미를 지닌다.

파라오는 전국의 신전과 기념비, 무덤 등에서 아몬 신의 이름을 지워버렸다. 그리고 아톤 신을 찬양하는 노래를 짓고 그를 기리는 예술 활동을 펼쳤다. 하지만 파라오의 이상^{理想}을 이해하는 사람은 그리 많지 않았다. 아크나톤의 사후, 이집트에서는 다시 아몬 신이 부활했고 새로운 파라오가 된 투탕카멘^{Tutankhamun}은 수도를 테베로 옮겨버렸다. 기원전 1370년대~1360년대에 통치한 아크나톤의 사망 원인은 결핵으로 알려져 있다. 이 시기의 이집트 의학서에는 소모성 질환인 폐결핵을 외과적 수술과 함께 완두콩이나 과일, 동물의 피 등으로 치료하는 것이 좋다고 설명하고 있다.

결핵에 대한 언급은 『구약성서*Old Testament*』에도 나타난다. 「레위기」는 시나이산 아래에 이스라엘 백성이 체류하면서 하느님으로부터 율법을 받는 동안 기록된 책이다. 여기에는 각종 제사를 비롯해 일상생활에서 지켜야 할 성스러운 삶의 규율이 기록되어 있다. 「레위기」는 죄악이 가득한 세상에서 살아가는 인간이 하느님 앞에서 죄를 용서받고 정결하게 되는 법을 보여준다. 「레위기」 26장 16절에는 다음과 같은 구절이 등장한다.

내가 이같이 너희에게 행하리니 곧 내가 너희에게 놀라운 재앙을 내려 폐병과 열병으로 눈이 어둡고 생명이 쇠약하게 할 것이요 너희가 파종한 것은 헛되리니 너희의 대적이 그것을 먹을 것임이며……

여기에 등장하는 폐병은 바로 폐결핵을 가리킨다.

「신명기」는 모세의 5경 중 마지막 책이다. 총 34장으로 구성된 이 책에서는 모세가 율법을 설명하는 내용이 담겨 있다. 「신명기」 28장 22절에는 "여호와께서 폐병과 열병과 염증과 학질과 한재와 풍재와 썩는 재앙으로 너를 치시리니 이 재앙들이 너를 따라서 너를 진멸하게 할 것이라"라는 구절이 등장하는데, 여기서도 폐결핵이 등장하는 것을 알 수 있다.

중국에서 가장 오래된 의학서는 『황제내경黃帝內經』이다. 중국 신화에 등장하는 한족의 조상인 황제(黃帝)와 천하의 명의 기백(岐伯)이 의술에 관해 묻고 대답하는 형식으로 서술되어 있다. 총 18권으로 전반 9권은 「소문素問」, 후반 9권은 「영추靈樞」로 구분된다. 「소문」은 자연에 입각한 병리학설을 주된 내용으로 삼고 있으며, 「영추」는 침구를 비롯한 물리적 치료법을 상세하게 설명하고 있다. 이 저서에도 폐결핵으로 여겨지는 '허로병虛勞病'이라는 질병이 등장한다. 이 질병의 증상은 지속적인 기침과 발열, 약한 맥박, 답답함과 숨가쁨 등으로 폐결핵 증상과 상당히 일치한다.

조선 시대 최고의 의학 서적『동의보감束醫寶鑑』은 중국과 조선의 의서를 집대성한 책이다. 원래 1596년에 집필을 시작했지만, 정유재란으로 중단되었다가 1610년에 완성되었다. 총 25권 25책으로 구성되어 있다. '동의'는 동쪽 조선의 의학 전통을 의미하고, '보감'이란 귀감을 뜻한다. 허준은 조선의 의학 전통을 계승해 중국과 조선 의학의 표준을 세웠다는 뜻에서 이런 제목을 지었다.

『동의보감』에는 '노채勞瘵'라는 질병이 등장한다. 이는 '노곤해서 지친다'라는 뜻으로 소모성 질환, 즉 폐결핵을 말한다.『동의보감』에 따르면, 노채에 걸리면 열이 나고 식은땀이 흐르고 피를 토하고 가래가 끓는다. 이와 같은 증상은 폐결핵 증상과 비슷하다.

흥미로운 사실은 '노채충勞瘵蟲'이라는 벌레 때문에 노채가 발생한다고 보았다는 것이다. 질병의 원인을 신체 내부의 부조화에서 찾는 전통 한의학과는 달리 벌레가 질병의 원인이라고 보았다는 점에서 서양 의학과 맥락을 함께한다고 볼 수 있다.

이렇듯 인류 역사 속에서 오랫동안 수많은 사람의 목숨을 앗아간 결핵은 19세기 말이 되어서야 비로소 원인이 밝혀졌다. 독일 세균학자 로베르트 코흐Robert Koch가 아내가 선물해준 현미경으로 탄저균을 배양하다가 질병의 원인이 세균이라는 사실을 밝혀낸 것이다.

마침내 결핵균을 분리시키는 데 성공했는데, 그가 결핵균을 발견한 3월 24일은 '세계 결핵의 날'로 지정되었다. 하지만 효과적인 결핵 치료법은 그 후로도 오랫동안 개발되지 못했다.

2. 세균학의 아버지, 코흐와 투베르쿨린 반응

심사숙고한 결과, 이 문서로써 내가 죽을 때 남기게 될 재산과 관련해 내 유언이 아래와 같음을 천명하는 바이다…… 유언 집행인에 의해 안전한 유가증권에 투자된 재산으로 기금을 만들고, 거기에서 매년 나오는 이자를 지난해에 인류에게 가장 큰 유익을 가져다준 사람들에게 상금으로 수여한다.

전 세계적으로도 잘 알려진 유언이다. 노벨상의 창설자 알프레드 노벨Alfred B. Nobel이 마지막으로 남긴 말이다. 1895년 11월 27일에 남겨진 유언장에 따라 그의 유산 중 3,100만 크로네는 스웨덴 왕립과학아

카데미에 기부되었다. 오늘날 화폐 기준으로 환산하면 약 1억 7,000만 달러에 해당되는 엄청난 금액이다.

왕립과학아카데미는 이 유산을 기금으로 노벨 재단을 설립했다. 기금에서 나오는 이자로 1901년부터 노벨상 수상자에게 상금을 수여해 왔다. 노벨상은 물리학, 화학, 생리학·의학, 문학, 평화, 경제학 등 여섯 분야에 수여된다.

이 가운데 노벨 생리학·의학상은 생리학과 의학 부분에서 역사상 중요한 발견을 이룬 사람에게 주어진다. 초기에는 인간 생리의 원리를 밝히거나 의학 기술의 발전을 이룩한 사람에게 수여했다.

최초의 노벨 생리학·의학상을 받은 사람은 디프테리아 요법을 응용해 연구를 수행한 독일의 세균학자 에밀 폰 베링Emil von Behring이다. 그리고 5년 만에 다시 독일인이 노벨 생리학·의학상을 수상했으니, 세균학자 로베르트 코흐Robert Koch였다.

코흐는 인류 역사 속에서 치명적인 영향을 미친 세 가지 유행성 전염병의 원인을 밝혀냈다. 바로 탄저병과 결핵균, 콜레라균이다. 이를 통해 질병이 세균에 의해 발생한다는 주장을 다시 한번 입증했다.

19세기 말 코흐의 세균 감염설을 둘러싼 논쟁은 아주 유명하다. 당시 독일의 위생학자 막스 폰 페텐코퍼Max Joseph von Pettenkofer는 전염병이 환경 때문에 발생한다고 주장했다. 그래서 그는 콜레라 환자의 설사 속에서 찾아낸 세균들을 먹어보기도 했는데, 약간의 설사 증상만 있었을 뿐 몸은 멀쩡했다. 이에 후일 의사들은 그의 위장이 콜레라균을 분해할 정도로 튼튼하지 않았을까 추정하고 있다.

괴팅겐대학에서 의학을 전공한 코흐는 볼슈틴에서 진료를 시작

■ 로베르트 코흐

세균학의 근본 원칙을 확립한 로베르트 코흐는 전염병에는 각기 특정한 병원균이 있다고 주장했다. 1882년에는 결핵균을 발견했고, 결핵 치료약을 연구해 투베르쿨린을 개발하기도 했다.

했다. 찾아오는 환자가 많지 않아 아내가 선물해준 현미경으로 세균을 연구하기 시작했다. 당시 이 지역에서는 탄저병이 유행했다. 코흐는 현미경을 이용해 탄저병으로 죽은 소의 혈액을 관찰했다. 그 속에는 마치 막대기처럼 생긴 미생물이 떠다니고 있었다. 하지만 이 미생물이 탄저병을 일으키는 원인이라는 것이 입증되지 않았고 이를 믿는 사람도 거의 없었다.

코흐는 흰 쥐의 꼬리 끝을 절단한 다음 탄저병으로 죽은 양의 혈액을 주입했다. 그러자 흰 쥐는 탄저병에 걸려 다음 날 죽었다. 그는 혈액 속의 탄저균이 증가해 흰 쥐를 죽였다고 생각했다. 하지만 그저 추측에 지나지 않았다. 실제로 탄저균이 증가하는 것을 목격해야만 했다. 그는 배양액을 만들고 탄저병으로 죽은 쥐의 비장을 넣었다. 그런 다음 소의 체온과 비슷한 온도로 유지시켰다. 하지만 배양액 속에는 잡균만 득실거렸다.

실험에 실패하자 코흐는 실험 조건을 바꾸었다. 두꺼운 유리판에 홈을 파고 그 위를 얇은 유리로 덮었다. 가장자리는 밀봉했다. 잡균에 의한 오염을 방지하기 위한 것이다. 그러자 유리판 속에서 탄저균이 빠른 속도로 증식했다. 그는 현미경을 통해 관찰했다. 이렇게 배양된 탄저균을 흰 쥐와 토끼, 양 등 다른 동물에게 주입했다. 동물들은 모두 탄저병에 걸려 죽었다.

이 실험으로 코흐는 탄저병이 탄저균에 의해 발생한다는 사실을 확신했다. 하지만 수백 번이 넘게 비슷한 실험을 되풀이했다. 이러한 과정 속에서 그는 흥미로운 사실을 발견했다. 처음 탄저병에 걸린 동물의 혈액을 채취해 두 번째 동물에게 주입해서 탄저병이 발생하는 기간보다 두 번째로 탄저병에 걸린 동물에서 채취한 혈액을 세 번째 동물에게 주입했을 때 탄저병이 발생하는 기간이 더 빠르다는 것이다. 다른 세균과 달리 시간이 흐를수록 탄저균의 독성은 더욱 강해진다는 사실을 알게 되었다.

코흐는 지속적인 관찰을 통해 탄저균이 산소가 부족해지면 구슬처럼 보호막을 만들어 포자로 변한다는 사실도 알아냈다. 포자로 변한 탄저균은 저항력이 상당히 강해 공기 중이나 흙 속에서 오랫동안 생존했다. 그러다가 동물의 몸속에 들어가면 세균이 되어 증식하면서 탄저병을 일으켰다. 그는 탄저병으로 죽은 동물은 태워버리거나 땅속 깊이 묻어야 한다고 주장했다. 그래야만 탄저균이 포자로 변하지 못하기 때문이다.

1876년 5월, 코흐는 자신의 연구 결과를 발표했다. 이 논문에서 그는 '코흐의 명제'로 잘 알려진 네 가지 기준을 제시했다. 질병과 그것의 원인이 되는 미생물 또는 세균 간의 관계를 확립하기 위한 기준으로 다음과 같다.

1. 어떤 병을 앓고 있는 모든 환자에게서 그 병원균이 다량으로 검출되어야 하며, 건강한 사람에게서는 검출되지 않아야 한다.
2. 환자로부터 그 병원균이 순수 분리되어야 하며, 실험실에서 그 세균을 배양할 수 있어야 한다.
3. 배양한 그 세균을 건강한 생물체에 주입했을 때 그 생물체가 같은 병에 걸려야 한다.
4. 이 질병에 걸린 동물에게서 다시 병원균을 분리할 수 있어야 하며, 처음 발견했던 것과 같은 균이 발견되어야 한다.

사실 이 명제는 코흐가 단독적으로 정립한 것이 아니다. 괴팅겐대학 시절, 그의 스승이었던 야콥 헨레Friedrich Gustav Jakob Henle는 이미 세 가지 명제를 제시했다.

1. 특정 질병에는 반드시 기생균이 존재한다.
2. 이 기생균을 다른 생명체로부터 분리해야 한다.
3. 분리된 기생균이 동일한 질병을 유발해야 한다.

이러한 점에서 본다면, 코흐의 명제는 헨레의 명제를 더욱 구체화시킨 것이라 할 수 있다.

오랫동안 서양의학을 지배해온 이론은 히포크라테스Hippocrates의 '체액병리설'이었다. 이 이론에 따르면, 인체는 물, 불, 공기, 흙 등 네 가지 원소로 구성되어 있다. 그리고 혈액과 점액, 황담즙, 흑담즙에 의해 인간 생활이 이루어진다.

히포크라테스는 이 네 가지 액이 균형과 조화를 이루는 상태를 '에우크라지에(eukrasie)'라고 불렀다. 반면 부조화를 이루는 상태를 '디스크라지에(dyskrasie)'라고 불렀다. 부조화를 이루는 상태가 바로 질병이 발생하는 상태였다. 이후 히포크라테스의 체액병리설은 1,000년 이상 오랫동안 유럽 의사들에게 답습되었다.

이와 같은 질병관에 변화가 일어난 시기는 18세기 이후였다. 질병이 체액 간 부조화 때문에 발생하는 것이 아니라 신체의 특정한 부위에서 발생한 해부병리학적 변화 때문에 발생한다고 믿는 사람들이 나타났다.

흔히 '장기병리설'이라고 불리는 이 주장은 18세기 중반 이탈리아 해부학자 지오반니 모르가니Giovanni Morgagni에 의해 제기되었다. 그는 질병 때문에 나타나는 증상은 "고통스러워하는 몸속 장기들의 울부짖음"이라고 정의했다. 700명 이상의 환자를 대상으로 임상 병력을 기록하고 사후 부검을 실시해 이들 사이에 상호관련성이 존재한다는 것을 입증했다.

18세기 말, 사비에르 비샤Xavier Bichat라는 프랑스 의사는 1년에 600건이 넘는 해부를 실시했다. 인체 장기에서 비슷한 특징을 보이는 조직들을 21개의 조직으로 분류하고, 이 조직에 '막'이라는 이름을 붙였다. 모르가니는 서로 다른 장기에 비슷한 질병이 발생하는 이유를 설명

사비에르 비샤는 현미경을 이용해 장기를 기본단위로 생각했던 해부 병리학에 '조직'이라는 새로운 개념을 도입했다. 그래서 그를 '조직학의 창시자'라고 부른다.

하지 못했다. 하지만 비샤는 다른 장기라 하더라도 같은 조직이기 때문에 비슷한 질병이 생길 수 있다고 설명했다. 이와 같은 그의 주장을 '조직병리설'이라고 부른다.

19세기 중반이 되면 질병의 원인을 밝히려는 노력이 더욱 구체적으로 진행되었다. 독일 의사 루돌프 비르효Rudolf Ludwig Karl Virchow는 모든 사람의 질병이 세포에서 비롯된다고 주장했다. '세포병리설'이라 불리는 이 주장은 세포에 염증이 발생해 세포 자체에 이상이 생겨 질병이 나타난다고 보았다. 이처럼 해부학 덕분에 18세기 이후의 의학은 전통 의학에서 벗어나 더욱 객관적인 특징을 띠게 되었고, 코흐에 의해 의학은 이제 과학적 학문으로 체계화되기 시작했다.

탄저균을 연구하면서 코흐는 세균학을 확립시켰다. 여기서는 특정 질병이 특정 세균에 의해 발병한다는, 이른바 '특정 병인론'을 강조한다. 이러한 논리에 따르면, 특정 원인 때문에 특정 질병이 발생하기 때문에 그 원인을 제거하거나 교정하면 특별한 효과가 있는 치료법을 개발할 수 있다.

이후 많은 학자들이 질병의 원인이 되는 세균을 먼저 확인했다. 그다음 환자에게 해를 끼치지 않고 세균만 죽이는 약을 개발하는 데 열중했다. 이러한 효과가 있는 치료약을 '마법의 탄환'이라고 부른다. 쉽게 말해, 특정 질병에 효과를 보이는 치료법을 의미한다.

'마법의 탄환'은 독일 세균학자이자 화학자인 파울 에를리히Paul Ehrlich가 붙인 이름이다. 그는 각 질병을 유발하는 원인을 찾고 이를 해결하면 질병을 치료할 수 있다고 믿었다. 그리고 질병의 원인이 되는 세균만 골라서 죽이는 화학물질을 합성하고자 노력했다.

에를리히는 동물실험을 통해 항독소와 독소가 서로 반응한다는 사실을 알게 되었다. 이를 통해 세균 표면에 결합할 수 있는 화학물질을 만들면, 그 물질이 세균 활동을 억제할 수 있다고 생각했다. 즉, 감염체에는 반응하지만 환자의 세포에는 반응하지 않는 화학물질을 발견하고자 했다.

20세기 초 유럽의 여러 국가는 아프리카를 식민화하는 데 많은 관심을 가지고 있었다. 산업혁명 이후 원료 공급지와 시장과 노동력이 필요했기 때문이다. 하지만 유럽인이 아프리카에서 제국주의 정책을 실현하는 데 큰 방해물이 있었다. 바로 수면병이었다.

수면병은 아프리카 사하라사막 이남 지역에서 발생하는 열대병이다. 파동편모충Trypanosoma brucei이 체체파리에 잠복해 있다가 사람에게 감염시킨다. 당시 대부분의 사람들이 별다른 치료조차 받지 못하고 사망했다. 따라서 아프리카를 식민지로 만들기 위해서는 수면병을 정복해야만 했다.

이 시기에 영국에서는 수면병의 원인인 트리파노소마에 감염된 동물을 치료하는 데 효과가 있다는 염색체가 발견되었다. 에를리히는 이 염색체 구조를 변형시켜 '마법의 탄환'을 발견하고자 했다. 이를 위해 그가 선택한 것은 비소였다.

그는 900번 이상 서로 다른 조합으로 실험하고 606번째 화합물을 선택했다. 이 화합물은 수면병에 별다른 효과는 없었지만, 의도와는 다르게 매독균에 효과가 있었다. '생명을 구하는 비소'라는 의미로 '살바르산'이라는 이름이 붙은 606번째 화합물을 발견한 에를리히는 바로 코흐의 제자였다. 에를리히를 비롯해 수많은 학자가 코흐의 명제와 세균학 덕분에 여러 병원균과 치료법을 발견한 것이다.

1905년에 코흐가 노벨 생리학·의학상을 수상하게 된 것은 바로 결핵균을 발견했기 때문이다. 20세기 초, 유럽에서는 일곱 명 가운데 한 명이 결핵에 걸릴 정도로 만성적이고 생명을 위협하는 전염병이었다. 하지만 당시 사람들은 결핵이 유전이나 영양 결핍 때문에 발생하는 것이라 믿었다. 따라서 공기 좋은 요양원에서 영양분이 풍부한 음식을 섭취하면서 휴식을 취하는 것이 효과적인 결핵 치료법이라고 생각했다.

탄저균과 마찬가지로 결핵도 세균에 의해 발생하는 질병이라는 사실을 입증하기 위해 코흐는 결핵 사망자의 장기에서 결절을 채취했다. 그러고는 깨끗한 유리판에 문지른 다음 이를 염색했다. 놀랍게도 이 염색법을 알려준 사람이 '살바르산'을 개발한 에를리히였다. 에를리히는 환자를 진료하는 것보다 조직이나 세포를 염색해 현미경으로 관찰하는 것을 더 좋아했다. 그는 혈액 속 백혈구나 적혈구를 염색해서 구별했고, 메틸렌블루($C_{16}H_{18}N_3SCl\cdot3H_2O$) 용액이 신경세포만 푸른색으로 염색한다는 사실을 발견했다.

세포는 핵과 세포질로 구분되고 핵 안에 염색체가 들어 있다. 염색체에는 생명체의 유전정보를 가지는 DNA가 있는데, 이는 염료에 의해 염색이 잘 된다. DNA는 당과 염기, 인산으로 구성되어 있다.

그중 인산이 음전하를 띠고 있기 때문에 DNA도 음전하를 띤다. 그래서 색이 있는 양이온을 넣어주면 양이온이 인산 주변으로 모여들어 마치 염색체와 핵이 염색된 것처럼 보인다. 메틸렌블루가 이온화되면 황 원자에 양전하가 생긴다. 이것이 푸른색을 띠기 때문에 음전하를 띠는 세포의 핵이 푸른색으로 염색되는 것처럼 보인다.

에를리히로부터 세포 염색법을 배운 코흐는 결핵 환자에게서 추출한 결절을 메틸렌 블루로 염색해서 관찰했다. 그는 푸른색으로 염색된 세포 사이에서 아주 작은 균들이 모인 덩어리를 발견했다. 너무 가늘고 작아서 현미경으로도 잘 보이지 않았다. 탄저균처럼 막대기 모양이 아니라 조금씩 구부러진 모양이었다. 그가 발견한 것이 바로 결핵균이다.

하지만 코흐는 매우 신중했다. 조수들이 결핵균을 발견한 것이 틀림없다고 말했지만, 그는 확실한 증거를 원했다. 그래서 자신이 수립한 명제에 따라 실험을 수행했다. 코흐는 결핵으로 죽어가는 동물들로부터 결핵균을 분리한 다음 배양해 다른 건강한 동물에게 접종했다. 이를 통해 동물이 결핵에 걸릴 것이라 예상했다. 하지만 동물들은 결핵에 걸리지 않았다. 이 실험을 통해 코흐는 결핵균이 살아있는 동물의 몸속에서만 자란다고 가정했다.

코흐는 특별한 배지(培地)를 만들었다. 배지로 활용한 것은 혈장이었다. 혈장은 적혈구나 백혈구, 혈소판 등을 제외하고 혈액을 구성하는 담황색 액체로 90퍼센트 정도가 물이다. 나머지는 단백질과 이온, 무기질 등으로 구성되어 있다. 일반적으로 혈장의 총량이나 조성은 질병에 따라 다르기 때문에 혈장은 질병을 진단하거나 상태를 파악하는 데 활용된다.

코흐는 이 혈장 젤리를 배지로 활용했다. 여기에 원숭이나 소, 기니피그 등으로부터 얻은 결핵균을 배양했다. 그런 다음 이 균을 건강한 동물에게 주사했는데, 예상대로 동물들이 결핵에 걸렸다.

코흐의 업적은 결핵균을 발견하고 이것이 결핵의 원인이라는 사실을 밝히는 것에 그치지 않았다. 그는 어떤 경로로 사람이 결핵에 걸리는지 입증하고자 했다. 공기 중 결핵균을 흡입하거나 결핵 환자의 기침 때문에 결핵균이 다른 사람의 몸속으로 들어간다고 가정했다. 동물도 이런 경로로 결핵에 걸리는지 실험을 통해서 살펴보고자 했다. 잘못하면 자신이 결핵에 걸릴 수도 있는 매우 위험한 실험이었지만 결과적으로 이 실험도 성공했다. 1882년 그는 결핵균을 발견했다는 사실을 발표했다.

나아가 코흐는 결핵 치료법에도 많은 관심을 가지고 있었다. 그는 결핵균 배양액을 끓인 다음 여과시키고 농축해서 무균화된 액체

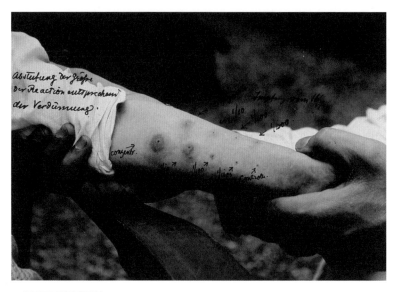

■ 투베르쿨린반응검사
투베르쿨린을 피부나 점막 일부에 투여하고 일정 시간이 지난 뒤 부풀어 오른 정도를 통해 결핵
균 유무를 판정한다.

를 만들었다. 좀 더 자세하게 살펴보면, 글리세린을 이용해 결핵균을
7~8주 정도 배양한 뒤 섭씨 70~100도에서 농축시킨다. 그리고 이를
냉각시켜 0.5퍼센트의 페놀을 주입해 섭씨 5도에서 수개월간 저장한
다음 여과시킨다. 이것이 바로 투베르쿨린(tuberculin)이다.

백신을 개발했던 제너나 파스퇴르처럼 코흐도 결핵균에서 추출한
이 물질이 효과적인 결핵 치료약이 될 수 있다고 믿었다.

그래서 그는 임상 치료 보고서에 투베르쿨린 주사 방법에 관해 자
세하게 소개했다. 그리고 그 효과도 상당히 긍정적으로 서술했다. 하
지만 투베르쿨린 주사를 맞고 결핵 치료를 받던 환자들 가운데 증세
가 오히려 악화되어 사망하는 사건들이 발생하자, 투베르쿨린이 결핵

치료에 별다른 효과가 없다는 사실이 입증되었다.

하지만 결핵균을 보유한 사람에게 투베르쿨린을 주사하면 그 부위가 크게 부풀어 올랐다. 이를 통해 '투베르쿨린반응검사'가 개발되었다.

이 검사를 개발한 사람은 오스트리아 의사 클레멘스 폰 피르케Clemens Peter Freiherr von Pirquet였다. 그는 알레르기를 뜻하는 단어인 'allergy'를 만든 것으로도 유명하다. 투베르쿨린반응검사는 투베르쿨린 액 0.1밀리리터를 주입한 다음 48시간 뒤 부풀어 오른 것의 지름을 통해 결핵균 유무를 판정한다. 일반적으로 지름이 4밀리미터 이하면 음성, 10밀리미터 이상이면 양성으로 판정된다.

3월 24일은 '세계 결핵의 날'이다. 코흐가 결핵균을 발견한 지 100주년이 되는 1982년 3월 24일에 국제항결핵및폐질환연맹IUATLD이 이날을 세계 결핵의 날로 정했고, WHO가 공동 주관하고 있다. 19세기 말에 코흐는 체계적이고 과학적인 방법으로 결핵균을 발견했지만, 오랫동안 효과적인 결핵 치료법은 시행되지 못했다. 항생물질요법과 같은 결핵 치료법이 개발된 것은 1940년대 이후의 일이었다.

3. 불주사로 불리는 BCG 백신

홍콩으로 출장 갔던 아내가 집에 돌아오자 갑자기 발작을 일으켰다. 병원에 갔지만 결국 사망했다. 남편이 아내의 사망 원인을 알기도 전에 아들까지 죽었다. 이후 전 세계적으로 자신의 아내와 아들처럼 비슷한 증상을 보이면서 사망하는 사람들이 급속하게 증가했다. 이들은 대부분 식은땀을 흘리고 어지럼증을 보이는데, 원인 불명의 바이러스에 감염된 사람들이었다. 감염자가 만진 물건을 만지기만 해도 전염되는 병이기 때문에 감염자 수는 기하급수적으로 증가했다.

결국 야생 박쥐의 변을 먹은 돼지를 맨손으로 요리한 요리사로부터 전염이 시작되었다는 사실이 밝혀졌다. 바이러스 감염을 예방하기 위

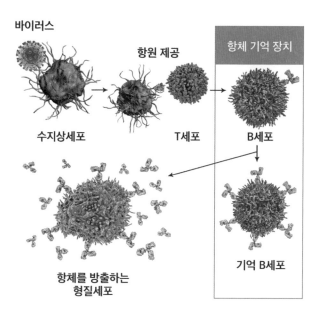

바이러스

항원 제공

수지상세포

T세포

B세포

항체를 방출하는
형질세포

기억 B세포

■ 백신의 작동 원리

해 아무것도 만지지 말고 누구도 만나지 말라고 한다. 그리고 수천 만 명의 목숨을 앗아간 바이러스로부터 사람들을 보호하기 위한 백신 개발에 성공한다. 2011년에 개봉한 영화 〈컨테이젼〉의 내용이다.

　비단 〈컨테이젼〉뿐만 아니라 팬데믹이나 치명적인 전염병을 다룬 대부분의 영화, 소설 등에서는 백신 개발이 끊임없이 등장한다. 백신은 병원체에 감염되기 전에 인체 내에 인위적으로 병원체를 주입해 면역 체계를 활성화시켜 병원체에 감염되더라도 피해를 예방하거나 최소화하기 위한 항원이다.

　다시 말해, 질병을 유발하는 바이러스를 약화시켜 체내에 주사하면 우리 몸의 면역 세포가 항체를 형성한다. 이 과정에서 우리 몸에는 바이러스에 대한 면역력이 생기기 때문에 질병을 예방할 수 있다. 백신은 이러한 과정을 토대로 만들어진다.

백신은 질병을 일으키는 병원체의 항원 인식 부위와 유사한 구조를 지니고 있다. 다른 점이 있다면, 병원체와 달리 병원성이 없다는 것이다. 따라서 백신을 접종하면 우리 몸에서 면역 체계가 활성화되고 병원체의 침입에 대처할 수 있다. 다시 말해, 백신은 인간이나 동물에게서 발생할 수 있는 특정 질병이나 병원체에 후천적으로 면역력을 부여하는 의약품인 셈이다.

백신에 의해 나타나는 후천적 면역력은 여러 특징을 보인다. 그중 하나는 바로 면역 기억(immunological memory)이다. 면역 기억이란 면역 체계가 이전에 접촉한 경험이 있는 병원체에 2차로 노출되면 항원에 대해 특이하게도 더 신속하고 효율적이고 강력하게 반응하는 능력을 의미한다. 인간을 비롯해 척추동물의 면역 체계는 외부의 항원에 적응하는 능력을 발달시켰고, 동일한 항원에 노출될 경우 그 항원에 대한 정보를 기억하는 능력을 가지고 있다.

외부 항원에 처음 노출되면 면역 체계는 1차 반응을 일으킨다. 면역 기억은 1차 반응 이후에 발생한다. 1차 반응이 끝나는 과정에서 면역 반응에 참여했던 대부분의 세포가 소멸되는데, 이 가운데 일부 세포는 정지되어 기억 B세포 및 T세포가 된다. 그런 다음 면역 기억을 형성한다. 따라서 동일한 항원에 다시 노출되면 신속하게 2차 면역 반응을 일으켜 항원을 제거한다. 기억 세포는 수명이 길기 때문에 면역 기억은 길게는 수십 년까지 지속되기도 한다. 이러한 면역 기억의 메커니즘을 활용한 것이 백신 접종의 원리다.

학자들에 따르면, 1세대 백신은 천연두를 치료하려 했던 에드워드 제너Edward Jenner의 우두였다. 제너는 소젖을 짜는 사람들이 우두를 앓으면 오히려 천연두에 걸리지 않는다는 사실을 알고, 천연두를 예방하기 위해 우두를 접종했다. 그리고 이것이 효과가 있다는 사실을 입증했다. 우두는 천연두와 유사한 항원 결정 부위를 가지지만, 인간에게 독성이 약하기 때문에 가능한 것이었다. 이렇게 목표 병원체와 유사하지만, 병원성이 낮은 병원체를 이용한 백신을 이종 백신(heterotypic vaccine)이라고 한다.

2세대 백신은 19세기 말 루이 파스퇴르Louis Paster가 개발한 광견병 백신이다. 파스퇴르는 광견병에 걸린 개에게 물린 소년을 치료하기 위해 약한 백신부터 점차 강한 백신을 주입했고 결과는 성공적이었다. 이처럼 병원체를 죽이지는 않지만 약한 상태로 주입해 질병을 유발하지 않도록 막는 백신을 '약독화 백신(attenuated vaccine)'이라고 부른다. 또는 살아있는 병원균으로 만든 백신이기 때문에 '생백신(live vaccine)'이라 부르기도 한다.

우리나라에서는 1962년부터 생후 4주 이내의 모든 신생아를 대상으로 접종을 의무화한 백신이 있다. 일명 '불주사'이다. 불주사는 결핵 예방 주사, 즉 BCG 백신을 가리킨다. 경제적으로 어려운 시절인 1970년대에 일회용 주사기 대신 유리 주사기의 주삿바늘을 알코올 불에 소독해 재사용했기 때문에 이런 별명이 붙었다. 그래서 민소매 옷을 입으면 특정 세대의 한국인을 구별하기 쉽다는 말이 나올 정도다. 어깨에 동그랗게 불주사 자국이 있기 때문이다.

BCG 백신은 소결핵균Mycobacterium bovis을 약독화시켜 만든 생백신이다.

이는 1908년에 프랑스 세균학자 알베르 칼메트$^{Albert\ Calmette}$와 수의사 카미유 게랭$^{Camille\ Guérin}$이 개발한 백신으로서 BCG라는 이름은 간균^{Bacillus}과 칼메트^{Calmette}, 게랭^{Guérin}의 머리글자를 따서 만들었다.

벨기에와의 국경에 위치한 프랑스 북동부의 릴에는 파스퇴르 동상이 세워져 있다. 파스퇴르가 릴 대학의 학과장으로 근무했을 때 한 양조업자가 찾아왔다. 그는 와인이 시어 판매할 수 없다고 하소연하면서 그 원인을 밝혀달라고 부탁했다. 연구를 거듭하면서 파스퇴르는 미생물 때문에 와인이 부패한다는 사실을 알아냈다.

이를 방지하기 위해 처음에는 와인을 가열해 미생물을 없애려고 했다. 이 방법을 활용해 미생물은 사라졌지만, 와인의 알코올 성분과 풍미도 함께 사라졌다. 그는 와인의 풍미를 보존하면서도 살균하는 방법을 찾아야 했는데, 그것이 바로 저온 살균법이다. 섭씨 60~65도에서 일정 시간 동안 가열하면 미생물도 대부분 사라지고 와인의 풍미와 알코올 성분도 유지할 수 있었다. 이 방법을 이용하자 우유나 맥주도 장기간 보관이 가능해졌다. 이후 사람들은 그가 발견한 저온 살균법을 '파스퇴르화^{Pasteurization}'라고 불렀다.

이러한 이유로 릴은 또 다른 의미에서 '파스퇴르의 도시'라 할 수 있다. 1896년에 이곳의 파스퇴르연구소장으로 부임한 사람이 바로 세균학자 칼메트였다. 그는 베트남 사이공의 파스퇴르연구소에서 페스트 혈청을 만들다가 귀국했다. 당시 릴에 만연한 전염병 가운데 하나가 바로 결핵이었다. 주민들은 약 22만 명 정도였는데, 이 가운데 15퍼센트 이상이 결핵으로 고통받고 있었다.

결핵을 예방하기 위해 칼메트가 관심을 가진 것은 백신이었다. 그

■ BCG 백신

현재 사용하고 있는 백신 가운데 가장 오래된 BCG 백신은 전 세계적으로 접종 인구가 많다. 코로나19와 관련 있다는 연구 결과가 나와 전 세계의 이목이 쏠리고 있다.

는 소결핵을 앓은 사람들이 인간 결핵에 걸리지 않는다는 사실을 활용해 소결핵균을 배양하기 시작했다. 이 과정에서 수의사 게랭의 도움을 받았다. 배양 작업은 쉽지 않았다. 이들은 무려 13년 동안 소결핵균의 독성을 없애는 배양 작업을 진행했다.

이 기간 동안 제1차세계대전이 발발했다. 당시 릴을 점령한 독일군은 파스퇴르연구소에 있던 소를 모두 가져가버리기도 했다. 그럼에도 불구하고, 칼메트와 게랭은 총 239차례에 걸쳐 증식한 소결핵균을 새로운 배지에 계속 이식해서 배양했다. 그리고 결국 독성을 완전히 없앤 변종 소결핵균을 배양하는 데 성공했다.

BCG 백신은 1921년부터 접종하기 시작했다. 현재 사용하고 있는 백신 가운데 가장 오래되었다. 프랑스와 벨기에에서 수천 명의 아이를 대상으로 접종하자 결핵에 의한 사망률이 26퍼센트에서 1퍼센트로 급감하는 결과가 발생했다. 이후 BCG 백신은 국경을 넘어 전 세계로 보급되기 시작했다.

오늘날 전 세계적으로 BCG 백신을 접종받은 사람의 수는 무려 20억 명 이상에 달한다. 하지만 접종의 필요성에 대한 생각은 국가마다 상당히 다르다. 예를 들어, 우리나라에서 BCG 백신 접종은 의무지만 미국에서는 의무가 아니다.

BCG 백신 접종을 의무로 하는 나라들도 접종 시기는 각기 다르다. 우리나라에서는 프랑스와 마찬가지로 생후 1개월 이내에 접종하도록 되어 있다. 1990년대에 출간된 하버드 의대의 연구 결과에 따르면, 영유아기에 접종하면 예방 효과가 더 크기 때문이다. 그러나 영국에서는 13세 전후로 BCG 백신을 접종한다.

전문가들은 BCG 백신을 맞는다고 해서 결핵이 100퍼센트 예방되는 것은 아니라고 말한다. 예방 효과는 절반밖에 되지 않는다. 하지만 BCG 백신을 접종하면 결핵으로 사망할 확률이 70퍼센트 이상 감소한다. 그래서 WHO는 1974년 이래로 예방접종 확대 사업에 BCG 백신 접종을 포함시켰다. 그 결과, 결핵이 유행하는 지역에서는 BCG 백신 접종률이 80퍼센트에 이른다. 우리나라는 BCG 백신 접종률이 85퍼센트 정도이며, 전체 인구의 95퍼센트 접종을 목표로 하고 있다.

최근 일명 '불주사'인 BCG 백신에 대해 전 세계의 관심이 쏠리고 있다. 지금 전 세계적으로 확산된 코로나바이러스감염증-19(이하 코로나19)와 관련 있다는 연구 결과가 나왔기 때문이다.

『미국국립과학원회보Proceedings Of The National Academy Of Sciences, PNAS』는 1915년에 미국국립과학원National Academy of Science의 공식 저널이다. 『사이언스Science』『네이처Nature』『셀Cell』 등과 함께 세계적으로 권위 있는 학술

지로 널리 알려져 있다.

『미국국립과학원회보』에 「BCG 백신을 활용한 코로나19 예방BCG vaccine protection from severe coronavirus disease 2019」이라는 제목의 논문이 실렸다. 이 논문의 연구진은 BCG 백신과 코로나19 사망자 사이의 상호 관련성에 관한 역학 연구를 시행했다. 연구 대상 지역은 코로나19로 인해 사망자가 발생한 지역으로 인구 100만 명 이상이며, 65세 이상 인구가 15퍼센트인 아메리카와 유럽이었다.

이를 위해 연구진은 BCG 백신을 의무적으로 접종하지 않는 미국과 BCG 백신을 접종하는 멕시코 및 브라질의 코로나19 치사율을 비교했다. 연구 대상지는 미국은 뉴욕주와 일리노이주, 루이지애나주, 앨라배마주의 도시들이었고, 브라질은 리우데자네이루와 상파울루, 멕시코는 멕시코시티였다. 이러한 비교 연구를 통해 연구진은 브라질과 멕시코 도시들의 인구 밀도가 미국 여러 주의 도시들보다 높지만, 코로나19 치사율은 더 낮다는 사실에 주목했다.

유럽의 경우는 과거 서독인 지역과 동독인 지역을 비교했다. 서독이 동독보다 코로나19 치사율이 약 3배 정도 높았다. 두 지역 사이의 여러 차이 가운데 하나는 BCG 백신 접종이었다. 1990년에 서독과 동독이 통일되기 전까지 두 지역은 BCG 백신에 서로 다른 정책을 취했다. 동독에서는 1951년부터 1975년까지 BCG 백신을 의무적으로 접종하도록 했지만, 서독에서는 1961년부터 198년까지 의무적인 BCG 백신 접종을 취했다. 연구진은 유아기에 맞은 BCG 백신이 코로나19에 대한 선천적 면역 반응에 영향을 미쳤을지도 모른다고 주장한다.

물론 연구진의 이번 논문 발표에는 BCG 백신과 코로나19와의 관계에서 규명되지 못한 부분들이 많다. 이미 지난 4월 12일에 WHO는 "BCG 백신이 코로나19 바이러스 감염을 예방한다는 것은 근거가 없으며, 코로나19 바이러스 확산을 예방하기 위해 BCG 백신을 사용하는 것을 권하지 않는다"고 발표했다. 따라서 BCG 백신과 코로나19 바이러스 사이의 상호 관련성을 위해 좀 더 과학적이고 확실한 근거가 필요하다.

4. 크리스마스실과 우리나라의 결핵

1986년 11월 9일부터 1994년 11월 13일까지 8년이 넘는 기간 동안 방영된 드라마가 있다. 문화방송MBC에서 제작한 일요 아침 드라마인 〈한 지붕 세 가족〉은 이웃 간 갈등과 화해를 소재로 서민들이 살아가는 이야기를 담고 있다. 방영 기간 동안 150명이 넘는 연기자가 거쳐 갔다고 해서 화제가 되기도 했다.

2015년 판 '한 지붕 세 가족'도 있다. 1988년 서울 도봉구 쌍문동에 사는 다섯 명의 친구인 덕선과 정환, 선우, 택, 동룡의 우정과 사랑, 그리고 다섯 가족의 따뜻한 가족애를 보여주는 드라마다. tvN에서 방영한 〈응답하라 1988〉이다. 이 드라마에서 주인공 덕선은 동네 친구인

선우를 좋아한다는 사연을 담은 엽서를 라디오 방송국에 보냈다. 하지만 사연은 소개되지 않고 엽서는 반송됐다. 우표를 붙이지 않고 크리스마스실(Christmasseal)만 붙였기 때문이다.

이 시기에 학교에서는 겨울방학 즈음이면 크리스마스실을 판매했다. 전시회가 열리기도 하고 매년 크리스마스실을 수집하는 사람들도 있었다.

우표와 함께 크리스마스실을 붙이곤 했는데, 〈응답하라 1988〉의 주인공 덕선이처럼 크리스마스실만 붙여서 카드나 우편물을 보낸 사람들도 꽤 있었다. 우표와 비슷하게 생겨서 아마 우표의 기능을 한다고 생각했을지도 모른다.

흥미롭게도 크리스마스실은 결핵과 밀접한 관련이 있다. 인류 역사상 가장 오래된 전염병으로 꼽히는 결핵은 18세기 중반에 발생한 산업화 이후 전 세계적으로 확산되었다. 많은 사람이 일자리를 찾아 도시로 모여들었고, 과도한 노동과 불충분한 식사, 도시의 비위생적인 환경은 결핵 발생 및 확산의 중요한 원인이 되었다. 19세기 말 덴마크도 예외는 아니었다. 당시 코펜하겐의 우체국에서 근무하던 아이날 홀벨Einar Hollbelle은 어린아이들이 결핵으로 죽어가는 상황을 매우 안타까워했다.

연말이 다가오는 어느 날, 홀벨은 크리스마스 우편물과 소포를 정리하다가 한 가지 아이디어를 고안했다. 우편물에 붙일 수 있는 동전 한 닢에 해당하는 실seal을 판매하고 그 동전을 모아 결핵 치료 기금을 마련하기로 한 것이다.

아이디어는 덴마크 국왕 크리스티안 9세Christian IX의 적극적인 지원을 받았다. 마침내 1904년 12월 10일에 세계 최초의 크리스마스실이 탄생했다. 이 최초의 크리스마스실에는 덴마크 여왕 루이즈 헤세-카셀Louise of Hesse-Kassel의 초상화가 그려져 있고 크리스마스를 의미하는 덴마크어 'Julen'이 쓰여 있었다.

20세기 초, 미국의 사회운동가 제이콥 리스Jacob Riis는 덴마크 출신의 사진작가였다.

그는 당시 이민자들이 미국 사회에서 겪는 빈곤과 차별 대우에 관심을 갖고 이와 관련된 장면을 촬영해 『다른 절반의 사람은 어떻게 사는가How the Other Half Lives』를 출간했다. 그는 덴마크에서 보낸 크리스마스실이 붙은 편지를 받았다. 그에게 결핵은 아주 끔찍한 트라우마였다. 일곱 명의 형제가 결핵으로 사망했기 때문이다.

당시 미국에서도 결핵은 매우 심각한 사회문제로 부상했다. 버지니아주는 미국 내에서도 결핵이 매우 빈번하게 발생하는 지역 가운데 하나였다.

주도인 리치몬드는 20세기 초 남부에서 가장 인구밀도가 높은 지역이었고, 당시 산업화 및 도시화로 수많은 사람들이 몰려들고 있었다. 이 시기에 리치몬드에서 결핵 환자는 매년 1만 명 이상 발생했고, 사망자 수는 5,000명 이상이었다. 특히 결핵으로 인한 사망률은 다른 질병보다 무려 두 배 이상 높았다.

리스는 델라웨어의 사회복지사 에밀리 비셀Emily Bissel에게 도움을 청했다. 그녀는 델라웨어에서도 크리스마스실을 판매해 결핵 퇴치 기금을 조성하기로 했다.

특히 크리스마스실을 1센트에 판매함으로써 가난한 사람들도 결핵 퇴치에 협력할 수 있도록 했다. 당시 미국 대통령이었던 시어도어 루즈벨트Theodore Roosevelt의 도움으로 미국 내에서도 크리스마스실은 널리 확산되기 시작했다.

이후 전 세계적으로 크리스마스실 운동이 확산되었다. 우리나라에 처음 크리스마스실이 도입된 해는 1932년이다. 당시 일본의 식민 지배를 받고 있던 우리나라에서 캐나다 선교사 셔우드 홀Sherwood Hall이 크리스마스실 운동을 시작한 것이다. 당시 크리스마스실의 발행 동기는 다음과 같은 세 가지였다.

1. 한국인들에게 결핵을 올바르게 인식시킨다.
2. 모든 사람을 항결핵 운동에 참여시킨다. 즉, 실 가격을 싸게 책정해 부자든 빈자든 모두 살 수 있도록 한다.
3. 재정적 뒷받침이 필요한 결핵 퇴치 사업의 기금을 모은다.

이러한 목적으로 발행된 우리나라 최초의 크리스마스실에는 남대문이 등장한다.

원래 셔우드는 거북선을 넣으려고 했다. 한국인들로부터 호응을 얻을 수 있는 그림이어야 한다고 생각했기 때문이다. 하지만 당시 우리나라에 침략해 주권을 강제로 빼앗은 일본이 이를 반대했다. 그다음으로는 금강산을 넣었지만 이것도 한국인들에게 독립정신을 심어준다는 이유로 넣지 못했다. 결국 남대문을 그려 가까스로 발행할 수 있었다. 그러나 이 일로 셔우드는 한국에서 추방당하고 크리스마스실 발행도 결국 중단되었다.

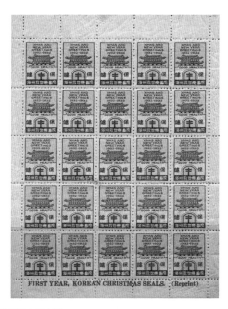

FIRST YEAR, KOREAN CHRISTMAS SEALS. (Reprint)

■ **우리나라 최초의 크리스마스실**
1932년에 발행된 이 크리스마스실은 일제의 방해로 원래 셔우드가 의도한 도안을 그리지 못했다.

　당시 대중들은 크리스마스실을 잘 알지 못했다. 사람들은 크리스마스실이 결핵을 예방해준다고 믿었다. 그래서 크리스마스실을 구입해 가슴에 붙이고 다니는 사람들도 많았다고 한다.

　결핵을 앓던 한 여성이 크리스마스실을 가슴에 붙이고 셔우드를 찾아와서는, 그에게 도통 결핵이 낫지 않는다고 하소연했다는 유명한 일화도 전해진다.

　우리나라에서 크리스마스실이 다시 발행된 것은 해방 이후였다. 1949년에 셔우드의 크리스마스실 발행을 도운 문창모文昌模 박사가 실을 발행했고, 1953년부터는 대한결핵협회가 창립되면서 매년 크리스마스실을 발행했다.

이후 우리나라에서 크리스마스실은 결핵 퇴치 모금 운동으로 정착하기 시작했다.

크리스마스실 수집 경진 대회를 개최하거나 도감을 발행하기도 했다. 대중에게 크리스마스실 발행 의도를 널리 알리고 결핵 퇴치 기금을 모으기 위한 운동이었다.

크리스마스실 노래도 있다. 이 노래의 가사는 '서로의 마음과 마음을 이어주고 사랑과 사랑이 담겨 있는 온 세계 누구나 반기고 기뻐하는 우애의 정표 크리스마스실'로 끝난다. 1989년에 시인 구상具常이 작사하고 길옥윤吉屋潤이 작곡했다. 이러한 노력에도 불구하고 최근 크리스마스실에 대한 관심은 계속 감소하고 있다. 하지만 크리스마스실에 대한 관심이 줄어든다는 것이 우리나라에서 결핵 환자 수가 감소한다는 것을 의미하지는 않는다.

우리나라의 언론 보도에서 통계의 기본 자료로 삼는 것 가운데 하나는 경제협력개발기구 자료다.

1961년 9월에 창설된 경제협력개발기구Organization for Economic Co-operation and Development, OECD는 회원국 간 경제적 협력을 증진하고 세계경제 질서를 논의하는 역할을 담당한다.

기본적으로는 경제 협의체지만 활동 범위가 단순히 경제 분야에만 국한되지 않고 정치, 사회, 환경 등 다양한 분야에 영향을 미친다. 2019년 8월 기준으로 37개 국가가 속해 있으며, 우리나라는 29번째로 가입했다.

OECD의 핵심 기능이 정책 분석이기 때문에 이를 위해서는 회원국과 비회원국에 관련된 광범위한 통계자료가 필요하다. 따라서 OECD

에서는 개별 국가로부터 필요한 통계자료를 입수하고, 국가 간 비교를 위해 국제적인 통계 기준과 방법론을 개발했다. 이러한 이유로 우리나라에서도 OECD의 통계자료를 주된 근거로 삼고 있다.

우리나라가 OECD 국가 중 1위를 차지하는 것이 있는데, 바로 결핵 발생률이다. 보건복지부에 따르면 매년 3만 명 정도의 결핵 환자가 발생하고, 이 가운데 약 2,000명이 결핵으로 사망한다. 우리나라에서 결핵 발생률은 2017년 기준으로 인구 10만 명 당 70명이다. OECD 평균 결핵 발생률은 인구 10만 명 당 11명 정도로 우리나라가 무려 여섯 배 이상 높다.

WHO에 따르면, 2016년에 아프리카에서 발생한 결핵 사망자 수는 약 40만 명 이상으로 전 세계 결핵 사망자 수의 4분의 1을 차지했다. 아프리카의 여러 국가가 빈곤국이라는 점을 고려한다면 이러한 수치는 어느 정도 납득할 수 있지만, 우리나라는 경제 수준이나 위생 수준에 비해 결핵 발생률이 유독 높다.

최근 우리나라에서는 이란성 쌍둥이 선천성 결핵에 감염된 사례가 발견되었다.

선천성 결핵이란, 결핵균을 보유한 어머니로부터 아이가 감염된 채 태어난 것을 의미한다. 전문가들의 연구 결과에 따르면, 선천성 결핵은 전 세계적으로도 400건이 채 되지 않을 정도로 매우 드문 사례다. 산모의 혈액이나 자궁 내 양수가 결핵균에 오염되면 태아가 선천성 결핵에 걸리는데, 이러한 경우는 거의 희박하다. 대부분의 경우는 결핵균을 보유한 산모의 면역력이 급격하게 저하되었을 때 선천성 결핵이 발생하게 된다.

검사 결과, 쌍둥이의 어머니는 잠복 결핵 환자였다. 잠복 결핵이란 결핵균에 감염되었지만 현재 환자의 몸에서 결핵이 발병하지 않은 상태를 의미한다.

기침이나 피로, 가슴 통증, 체중 감소 등 결핵의 주된 증상이 나타나지 않고 다른 사람에게 전염되지도 않는다. X선 검사나 객담 검사에서도 정상으로 나타난다. 하지만 결핵균이 몸속에서 활동하면 다른 사람에게 확산될 수 있다.

전문가들은 우리나라에서 유독 결핵 발생률이 높은 것은 바로 잠복 결핵 때문이라고 지적한다. 질병관리본부에 따르면, 우리나라 국민 세 명 가운데 한 명은 잠복 결핵 감염자로 추정된다. 평소에는 결핵 증상이 나타나지 않지만, 면역력이 저하되면 언제든지 결핵 발병 가능성이 있다. 잠복 결핵 감염자의 10퍼센트 정도가 활동성 결핵이다. 이 중 50퍼센트는 1~2년 안에 발병하고, 나머지 50퍼센트는 언제든지 면역력이 저하될 때 발병한다.

그러므로 가장 중요한 것은 검사를 통해 잠복 결핵을 발견하고 이를 치료하는 것이다. WHO에서도 잠복 결핵 감염 여부 진단과 치료를 통해 결핵 예방을 강조하고 있다. 실제로 2019년 질병관리본부에서 발표한 연구 결과에 따르면, 잠복 결핵 감염자들 사이에서 치료를 받은 사람과 치료를 받지 않은 사람들의 결핵 발생 위험률은 무려 일곱 배 이상 차이가 났다. 잠복 결핵 치료를 받은 사람들 사이에서 그만큼 결핵 발생률이 낮아진 것이다.

잠복 결핵을 진단하는 방법으로는 크게 두 가지를 들 수 있다.

한 가지는 19세기 말 코흐가 결핵 치료약으로 개발했다가 별다른 효과가 없었던 투베르쿨린반응을 활용한 검사다. 이 검사에서는 결핵균의 배양액을 정제한 PPD^{Purified Protein Derivative}를 피부에 주사해 반응이 일어나는지 확인한다.

과거에는 배양된 결핵균 부유액을 증기로 살균한 다음 농축한 것을 희석해 사용했다. 요즘에는 무단백 배지에 배양한 다음 당질과 핵산을 제거해 사용하고 있다. 이것이 바로 PPD다. PPD 반응은 대략 48~72시간 내에 나타나며, 투베르쿨린반응과 마찬가지로 부풀어 오른 정도에 따라 판독한다.

또 다른 한 가지는 인터페론 감마 분비 검사다. 인터페론은 바이러스나 병원체가 체내로 침입하면 면역 체계의 활성화를 돕고, 병원체를 제거하기 위해 숙주세포에서 만들어지는 당단백질이다.

따라서 인터페론의 주된 기능은 외부에서 침입한 바이러스의 RNA와 단백질 합성을 방해함으로써 바이러스 복제를 막고, 면역세포 간 신호 전달을 수행하는 것이다. 인터페론에는 크게 알파(α), 베타(β), 감마(γ), 오메가(ω) 네 종류가 있다.

이 가운데 인터페론 감마는 바이러스나 세균 감염시 사용되는 사이토킨이다. 활성화 T림프구와 대식세포에 의해 만들어진다. 인터페론 감마는 바이러스 복제를 직접 억제하며 면역 자극과 면역 조절 능력을 갖고 있다.

과거 결핵균에 감염된 T림프구에 결핵균 항원을 자극하면 인터페론 감마가 분비되는데, 이때 인터페론 감마의 농도로 결핵 감염 여부를 판단한다. 일반적으로 인터페론 감마의 농도가 0.35IU/ml 이상이면 양성으로 판단한다.

질병관리본부에 따르면, 잠복 결핵 치료를 받으면 결핵 발병 가능성을 60~90퍼센트 정도 예방할 수 있다.

우리나라 전체 인구의 3분의 1이 증상이 드러나지 않는 잠복 결핵 감염자라는 사실을 고려한다면, 적극적인 검사와 치료를 통해 OECD 국가 중 결핵 발생률 1위라는 오명에서 벗어날 수 있다.

결핵은 더 이상 산업화 시대에 극심했던 과거의 질병이 아니다. 전 세계 인구의 30퍼센트에 해당하는 20억 명 이상이 결핵균에 감염된 것으로 나타나고 있기 때문이다.

이를 예방하기 위해 WHO에서는 결핵 백신인 BCG 접종을 권장한다. BCG 백신은 균주에 따라 크게 네 종류로 구분되는데, 프랑스 균주와 일본 균주, 덴마크 균주, 영국 균주다. 우리나라에서는 비교적 독성이 강하고 결핵 예방 효과가 큰 프랑스 균주를 이용한 BCG 백신을 사용하고 있다.

BCG 백신은 주사 방식에 따라 피내용과 경피용으로 나뉜다. 피내용은 팔에 주사로 백신을 주입하는 것이다. 국가에서 무료로 지원해주고 있지만, 돌기 모양의 흉터가 남는다는 단점이 있다.

반면, 경피용은 흉터가 적기 때문에 아이의 부모들이 이 방식을 많이 선호한다. 다만 정부의 지원이 없어서 피내용보다 가격이 비싸다. 몇 년 전에는 일본 균주를 사용한 경피용 BCG 백신에서 기준을 초과하는 비소가 검출되었고, 우리나라에서 전량 회수하는 사건이 발생하기도 했다.

사실 BCG 백신은 흉터 외에도 다른 부작용이 발생하기도 한다. BCG 백신 접종을 의무화하지 않는 미국에서는 BCG 백신이 성인에게는 효과가 적고, 백신 접종을 한 경우에는 투베르쿨린반응검사에서 양성을 보일 수 있기 때문에 결핵 환자를 발견하는 데 혼란을 야기할 수 있다고 생각한다.

이 밖에도 BCG 백신 접종의 부작용으로 언급되는 것은 화농성 림프절염이다.

BCG 접종을 받은 쪽의 겨드랑이나 목 아래 부위의 림프절이 커지거나, 아주 드물지만 화농성 고름이 발생하는 경우가 있다. 물론 이러한 화농성 림프절염이 온몸으로 확산되는 것도 아니고 결핵으로 발생하는 것도 아니다.

따라서 아직까지도 우리나라에 만연해 있는 결핵을 예방하기 위한 최선의 방법은 BCG 백신을 접종하고, 잠복 결핵 검사를 받고 조기에 치료하는 것이다.

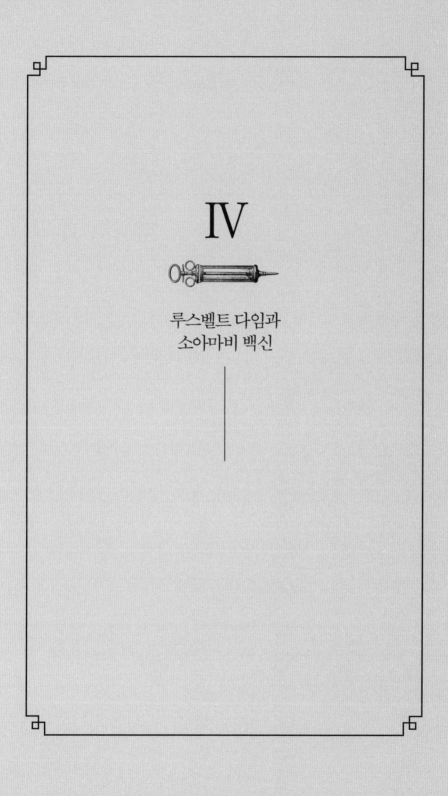

IV

루스벨트 다임과
소아마비 백신

1. 연합규약과 연방헌법, 그리고 수정 조항 제22조

1773년 영국의 아메리카 식민지에서는 '보스턴차사건Boston Tea Party'이 발생했다. 이 사건은 13개의 식민지가 독립을 선언하는 데 중요한 계기를 마련했다.

당시 영국 동인도회사는 재정적으로 어려움에 직면했다. 만일 영국 동인도회사가 파산한다면, 주주들뿐만 아니라 잉글랜드 은행이나 영국 정부까지 큰 손해를 입을 지경이었다. 그래서 영국 정부는 차를 아메리카 식민지에 판매할 수 있는 독점권을 영국 동인도회사에 부여했다. 그 결과, 아메리카 식민지 상인들은 영국 동인도회사를 통해서만 차를 수입해야 했고 불매운동이 확산되었다.

■ **보스턴차사건**
보스턴차사건 이후로 식민지 사회에서는 영국으로부터의 독립을 주장하는 사람들이 늘어나기 시작했다. 이는 결국 영국군과 식민지군의 무력 충돌을 야기했다.

영국 정부는 불매운동에 대해 강경한 입장을 취했다. 불매운동에 가담한 사람들을 엄중하게 처벌했고, 보스턴 항으로 들어오는 영국 동인도회사의 선박은 영국 군함이 호위했다. 결국 '자유의 아들들'에 속한 급진 애국파는 모호크족으로 분장하고, 영국 동인도 선박에 몰래 들어가 7만 5,000달러어치의 차 상자를 바다에 내던졌다.

영국 정부는 보스턴 주민을 탄압하기 시작했다. 1774년 3월, 영국 정부는 '보스턴 항구법Boston Port Bill'을 제정했는데, 이 법의 주된 내용은 보스턴차사건으로 손실된 차에 대한 배상이 이루어질 때까지 보스턴 항구를 폐쇄한다는 것이었다. 당시 영국 정부가 차에 대한 배상금으로 요구한 금액은 9,750파운드였다. 오늘날로 따지면 약 170만 달러에 해당하는 금액이다. 이와 더불어 보스턴 항을 폐쇄해 모든 선박의 출입을 금지시켰다. 이 사실이 다른 식민지에 알려지면서 결국 영국이 식민지의 자유를 침해할 것이라는 우려를 낳았다.

이 상황에 대처할 방안을 마련하기 위해 필라델피아의 카펜터스 홀에 식민지 대표들이 모였다. 13개 식민지 가운데 가장 멀리 떨어져 있던 조지아에서는 대표를 보내지 못했다. 당시 매사추세츠 대표로 참석한 사람은 급진 애국파인 새뮤얼 애덤스Samuel Adams와 존 애덤스John Adams였고, 버지니아 대표도 애국파인 패트릭 헨리Patrick Henry와 페이턴 랜돌프Peyton Randolph였다. 역사학자들은 이 회의를 '제1차 대륙회의First Continental Congress'라고 부르는데, 애국파가 주도적인 역할을 담당했다.

당시 매사추세츠 읍민 대표들은 버지니아주 남동부에 위치한 서퍽에서 결의안을 채택했다. 이들은 영국군의 군사 행동에 대비한 작전을 계획했다. 1774년 3월에 제정된 '참을 수 없는 법Intolerable Acts' 및 기타 일련의 법을 지키지도 않을 뿐만 아니라 영국과의 통상도 단절할 것을 결심했다. 제1차 대륙회의에서는 이러한 내용의 서퍽 결의안을 지지했다. 그리고 영국과의 통상 중지 및 영국 상품 수입 금지를 만장일치로 결정했다.

물론 제1차 대륙회의에 참가한 모든 식민지 대표가 과격파였던 것은 아니다. 여전히 영국과의 타협을 주장하는 온건파도 있었다. 대표적인 인물이 조지프 갤러웨이Joseph Galloway 같은 국왕파다. 이들은 자신의 적이 영국 국왕이 아니라 영국 의회라고 생각했다. 그래서 조지 3세George III에게 청원서를 보냈다.

이 청원서로 자신들이 국왕의 충성스러운 신민임을 확인하고 식민지인을 억압하는 관리들을 견제해줄 것을 요청했다. 하지만 이미 영국 국왕과 의회는 식민지에 대해 강경한 입장을 취하기 시작했다.

한 발의 총성이 세상을 바꿨다.

미국 사상가이자 시인인 랄프 왈도 에머슨Ralph Waldo Emerson은 자신의 시「콩코드 찬가Concord Hymn」에서 렉싱턴-콩코드전투를 이렇게 찬양했다. 1775년 봄에 애국파는 매사추세츠주 보스턴 근방의 콩코드에 무기와 탄약을 비치했다. 이 사실을 알게 된 영국 사령관은 4월 18일, 애국파 지도자 존 핸콕John Hancock과 새뮤얼 애덤스를 체포하고, 무기고를 파괴하기 위해 영국 군대를 콩코드로 파견했다.

영국 군대와 애국파 민병대가 렉싱턴에서 마주치면서 전투가 벌어졌다. 이 과정에서 민병대 여덟 명이 사망했다. 이후 영국 군대가 콩코드로 진격했지만, 민병대의 공격으로 후퇴해 가까스로 보스턴으로 돌아왔다. 당시 통계에 따르면, 하루 동안 벌어진 전투에서 민병대의 사상자는 95명인 반면 영국군은 273명이었다. 이 전투를 계기로 미국 독립혁명이 시작되었다.

영국 군대와의 무력 충돌 이후 필라델피아에서 다시 회의가 열렸다. '제2차 대륙회의Second Continental Congress'였다. 이 회의에서 가장 중요한 사안은 영국에 대한 군사적 대응이었다. 제2차 대륙회의에서는 대륙군을 창설하고 총사령관으로 조지 워싱턴George Washington을 임명했다. 그리고 독립혁명의 목적을 뚜렷하게 밝혔다. 당시 토머스 제퍼슨Thomas Jefferson은 "사람들이 무기를 보유하는 가장 강력한 이유는 최후의 수단으로 정부의 폭정으로부터 자신을 보호하는 것"이라고 밝혔다. 다시 말해, 자유를 지키기 위해 독립혁명을 일으킨다는 것이다.

독립혁명 중 제2차 대륙회의에서는 최초의 헌법이라 할 수 있는 '연합과 영속적 연방에 관한 규약Articles of Confederation and Perpetual Union' 다시 말해 연합규약을 제정했다. 13개 식민지의 상호 동맹을 규정한 약관이다. 식민지 간 협력을 추구하는 시도는 연합규약이 최초가 아니다. 1754년에 프랭클린이 식민지 연합 정부 수립 안을 제시한 바 있다.

당시 영국은 프랑스에 대항하기 위해 아메리카 식민지를 철저하게 통제하고자 했다. 이를 위해 식민지 간 연합을 추구했는데, 당시 7개 식민지 대표가 모여 이에 관해 논의했다.

역사학자들은 이 회의를 '올버니 회의'라고 부른다. 이 회의에서 프랭클린은 '올버니 연합 안'을 제시했다. 이는 영국 국왕이 임명하는 연합 총독과 각 식민지에서 선출하는 연합회의에 의해 운영되는 식민지 연합 정부 수립에 관한 것이었다. 하지만 영국의 입장에서는 지나치게 민주적이었고 식민지의 입장에서는 영국 국왕의 권리를 너무 존중했기 때문에 결국 실현되지 못했다.

1773년에 일명 '보스턴차사건'이 발생한 뒤 13개 식민지가 영국으로부터 독립을 결정했을 때도 식민지 간 유대를 유지하기 위한 동맹 관계를 수립하고자 했다. 당시 애국파 지도자들은 13개 식민지의 연대야말로 식민지 독립과 유지의 기본 전제라고 생각했다. 그렇기 때문에 독립혁명 기간 동안 식민지 간 연대를 규정하는 법안을 제정해야 한다는 주장이 제기되었다. 이를 위해 기초 위원회가 조직되었고, 정치가이자 변호사인 존 디킨슨John Dickinson이 초안을 작성했다. 이는 다음과 같이 13개 조항으로 구성되었다.

1. 연합의 명칭을 '미합중국'으로 한다.
2. 각 연방state, 지금의 주에 해당이 갖는 권리를 분명히 한다.
3. 연방 간의 우호와 상호 원조를 정한다.
4. 인민의 연방 간 이동의 자유와 권리를 정한다.
5. 각 연방이 연합회의에 파견하는 대의원의 규정을 정한다.
6. 각 연방의 군비 및 외교에 관한 제한을 정한다.
7. 각 연방의 육군 장교의 임명에 관해 정한다.
8. 합중국 국고에 관해 정한다.
9. 연합회의가 가진 권한과 의무에 관해 정한다.
10. 합중국 위원회의 권한에 관해 정한다.
11. 캐나다 연합 가입 자격에 관해 정한다.
12. 연합규약 발효 이전의 대륙회의 채무에 관해 정한다.
13. 각 연방이 연합규약을 준수할 것을 선언한다.

연합회의Congress of the Confederation는 오늘날 미국 연방회의의 전신이다. 이는 13개 연방의 각 의회에서 임명한 대의원으로 구성된 것으로 '제2차 대륙회의' 이후 1789년 3월 4일까지 미국의 정치적 역할을 담당했다. 연합규약을 토대로 연합회의는 국방이나 외교, 주화와 관련된 권한을 부여받았다. 각 연방은 한 표씩 투표권을 가졌고 아홉 표 이상을 득표하는 다수결 원칙에 따랐다.

하지만 연합회의에는 과세 권한이 없었다. 대외무역이나 13개 연방

간 무역을 규제하는 권한도 없었다. 심지어 상비군을 유지할 권한도 없었다. 더욱이 연합회의는 각 식민지의 기부금으로 운영되었기 때문에 재정 기반이 취약할 수밖에 없었다. 따라서 재정적 측면에서 연합회의는 상당히 불완전했다.

연합회의의 재정적 취약성은 어쩌면 당연한 결과였다. 연합규약을 제정할 당시 연합회의에 과세권이나 무역 규제 권한을 부여해야 한다고 주장한 사람들이 없었기 때문이다. 당시 애국파 지도자들은 개별적인 식민지 의회만 과세권을 가질 수 있다고 생각했다. 이와 더불어 연합회의가 무역을 규제하는 것도 원하지 않았다.

1786년 5월, 사우스캐롤라이나 정치인 찰스 핑크니Charles Pinckney가 연합규약의 개정을 제안했다. 그는 연합회의에 국외 및 국내 무역 규제권을 부여하고 여러 연방으로부터 세금을 징수할 수 있는 권한도 부여하고자 했다. 하지만 이러한 제안은 다른 연방들로부터 합의를 얻지 못했고 결국 연합규약은 개정하지 못했다.

이후 9월에 메릴랜드 애너폴리스에서 5개 연방 대의원들이 모여 회의를 개최했다. 회의 내용은 만장일치였다. '애너폴리스 회의Annapolis Convention'라고 불리는 이 회의는 연합회의의 재정적 한계점을 보완하기 위해 마련되었다. 당시 집중적으로 논의된 사안은 통상 문제였는데, 결국 1787년 5월에 필라델피아에서 모든 연방 대표자들이 모여 연합규약을 개정하기 위한 회의를 개최하기로 결정했다.

1787년 5월 25일, 미국 역사에서 매우 중요한 회의가 열렸다. 이 회의는 9월 17일까지 무려 3개월 이상 지속되었다. 흔히 '필라델피아 제헌 회의Philadelphia Convention'로 알려진 이 회의는 원래 연합규약의 개정을 위해 열린 것이었다. 하지만 회의에 참석한 사람들 가운데 제임스 매디슨James Madison과 알렉산더 해밀턴Alexander Hamilton은 처음부터 지금의 정부를 수정하는 것이 아니라 새로운 정부를 만들고자 했다. 그리고 회의 결과, 새로운 헌법을 제정하게 되었다.

다른 연방의 대표들이 도착하기를 기다리는 동안 버지니아 대표단은 '버지니아 안Virginia Plan'을 작성했다. 이는 버지니아와 메릴랜드, 노스캐롤라이나, 사우스캐롤라이나, 그리고 조지아 등 남부 5개 연방의 입장을 대변하는 법안으로 한마디로 말하면, '대형 연방 계획'이었다. 당시 버지니아 연방지사 에드먼드 랜돌프Edmund Randolph가 제출한 것으로서 다음과 같은 특징을 가진다.

1. 입법부와 행정부, 사법부로 구성된 3개 부처를 조직한다.
2. 하원 의원은 주민에 의해 선출되고, 상원 의원은 하원에 의해 선출되는 양원제를 채택한다.
3. 행정수반은 의회에서 선출하되, 단임제로 한다.
4. 연방의회는 주 의회보다 우위에 있다.

버지니아 안 외에 제시된 청사진으로는 찰스 핑크니 안Charles Pinckney plan을 들 수 있다. 당시 핑크니는 제헌 회의에 참석한 대표들 가운데 가장 젊었다. 그가 주장한 안의 내용은 이렇다.

1. 상원과 하원으로 구성된 양원제 의회를 조직한다.
2. 하원은 주민 1,000명 당 1명을 선출한다.

■ **필라델피아 제헌 회의**
원래 연합규약의 한계점을 보완하기 위해 필라델피아 제헌 회의가 개최되었지만, 이후 새로운 헌법을 제정하게 되었다.

3. 하원은 상원 의원을 선출하고, 상원 의원은 4년간 돌아가면서 역임한다.

4. 의회는 양원 합동 회의를 개최해서 대통령과 장관을 임명한다.

　이밖에도 여러 가지 안과 원칙이 논의되었다. 무엇보다 중요한 것은 필라델피아 제헌 회의에서 연합규약의 개정을 넘어 새로운 헌법을 제정하자는 데 합의했다는 사실이다. 사실 일부 대표들은 이를 불법으로 생각하기도 했지만, 당시 연합규약은 새로운 독립국가의 헌법으로 기능하기에는 너무 미약했다. 이와 더불어 이들은 새로운 정부가 연합의회의 모든 권력뿐 아니라 각 연방이 가지지 못한 권력도 가져야 한다고 생각했다. 그래서 버지니아 안을 채택하고 이를 수정하기 시작했다.

다양한 타협 과정을 거치면서 연방헌법이 제정되었지만 비준 역시 쉽지 않았다. 여러 연방에서는 연방헌법 비준을 둘러싸고 격렬한 대립이 발생했다. 역사학자들은 당시 연방헌법 비준을 찬성한 사람을 '연방주의자(Federalist)'로, 이를 반대한 사람을 '반연방주의자(Anti-Federalist)'로 부른다. 대표적인 연방주의자로는 알렉산더 해밀턴과 제임스 매디슨, 그리고 존 제이John Jay 등을 들 수 있고, 반反연방주의자로는 패트릭 헨리Patrick Henry와 제임스 먼로James Monroe 등이 있다.

연방주의자들은 기존의 연합회의가 너무 취약해 강력한 연방 정부가 필요하다고 강조했다.

반면, 반(反)연방주의자들은 새로 수립되는 연방 정부가 지나치게 큰 권력을 가지고 있으면 주州의 자치권이나 개인의 자유를 침해할 수 있다고 주장했다.

연방주의자들과 반(反)연방주의자들은 대중의 지지를 얻기 위해 다채로운 방식으로 선전했다.

1787년 10월부터 1788년 8월까지 총 11개월 동안 「인디펜던트 저널Independent Journal」을 비롯해 뉴욕시 신문들에 연속으로 게재된 글이 있다. 당시에는 '푸블리우스Publius'라는 필명으로 총 85편의 글이 게재되었다. 이 글은 알렉산더 해밀턴과 제임스 매디슨, 존 제이가 연방헌법 비준을 이끌어내기 위해 집필한 것이다. 흔히 『연방주의자 논집The Federalist Papers』으로 불리는 이 논집의 첫 번째 글에서는 이에 관해 다음과 같이 설명했다.

이 나라의 사람들은 자신의 행동과 본보기에 따라 성찰과 선택을 통해 좋은 정부를 수립할 수 있는지, 또는 헌법을 제정하는 데 영원히 우연과 무력에 의존할 운명인지 등과 같은 중요한 질문에 관한 대답을 결정할 수 있는 권한을 가지고 있다고 종종 언급되어왔다.

시간이 흐르면서 상황은 연방주의자들에게 유리해졌다. 1787년 12월 7일, 델라웨어가 가장 먼저 연방헌법을 비준하고 이후 여러 연방이 뒤따라 비준했다.

가장 마지막까지 연방헌법 비준을 둘러싸고 논쟁이 심각했던 지역은 뉴욕과 버지니아다. 버지니아에서 연방헌법 비준을 반대한 것은 통상 규제 조항 때문이었다. 많은 사람이 북부 상공업자들에게 유리하고 남부 대농장주나 농민들에게 불리할 것이라고 생각했다. 하지만 결국 버지니아에서도 연방헌법을 비준했고 뉴욕에서도 가까스로 헌법 비준을 마쳤다. 1790년 5월 29일, 13개 연방이 모두 헌법을 비준함으로써 연합규약은 효력을 상실했다.

연방헌법의 초안을 만들고 이를 비준하는 과정에서 일부 연방들은 권리장전을 요구했다. 이는 개인의 기본적인 인권을 보장하기 위해 제정한 수정안을 의미한다.

헌법이 잘못 해석되거나 헌법이 가지는 권력이 남용되는 것을 방지하기 위해 이를 제한하는 조항을 헌법에 포함해야 한다는 것이다. 이에 따라 연방헌법에는 수정 조항이 비준되었다. 초기의 수정 조항은 다음과 같은 10개의 조항이었다.

1. 수정 조항 제1조(종교, 언론 및 출판의 자유와 집회 및 청원의 권리)

   연방 의회는 국교를 정하거나 자유로운 신앙 행위를 금지하는 법률을 제정할 수 없다. 또한 언론, 출판의 자유와 국민이 평화로이 집회할 수 있는 권리와 불만 사항을 해결하기 위하여 정부에게 청원할 수 있는 권리를 제한하는 법률을 제정할 수 없다.

2. 수정 조항 제2조(무기 휴대의 권리)

   규율을 갖춘 민병은 자유로운 주 정부의 안보에 필요하므로 무기를 소장하고 휴대할 국민의 권리를 침해해서는 안 된다.

3. 수정 조항 제3조(군인의 숙영)

   평화 시에 군대는 어떠한 경우라도 개인 소유의 땅과 주택에 소유주의 승낙 없이 숙영할 수 없다. 전시라 하더라도 법률이 정하는 절차와 방법에 따라야 한다.

4. 수정 조항 제4조(수색 및 체포영장)

   부당한 수색, 체포, 압수로 국민의 신체, 가택, 서류 및 통신의 안전을 침해해서는 안 된다. 체포, 수색, 압수에 필요한 영장은 상당한 근거를 갖추어야 하고, 선서 또는 확약으로 뒷받침되어야 하며, 특히 수색 장소, 체포할 사람이나 압수 물품을 반드시 기재해야 하며 이 조건을 갖추지 않으면 영장을 발급할 수 없다.

5. 수정 조항 제5조(형사 사건에서의 권리)

   대배심에 의한 고발이나 기소가 없는 한 그 누구도 사형에 해당하는 범죄나 불명예스러운 범죄에 관하여 심리를 받지 않는다. 다만, 육군이나 해군 또는 전시나 사변 중일 때 민병대에서 발생한 사건은 예외로 한다. 누구든 동일한 범죄 행위에 대해서 생명이나 신체에 대한 위협을 재차 받지 않을 권리가 있으며, 정당한 법 절차 없이는 생명, 자유 또는 재산을 박탈당하지 않을 권리가 있다. 또 정당한 보상 없이 사유재산을 공공용으로 수용당하지 않을 권리를 가지고 있다.

6. 수정 조항 제6조(공정한 재판을 받을 권리)

모든 형사 소추에서, 피고는 범죄가 발생한 주 및 법률이 미리 정하는 지구의 공정한 배심원에 의해 신속한 재판을 받을 권리와 기소의 내용과 근거에 관하여 통고 받을 권리가 있다. 또 자기에게 불리한 증언을 하지 않아도 될 권리와 유리한 증언을 얻기 위하여 강제 수속을 취할 권리, 자신의 변호를 위하여 변호인의 도움을 받을 권리가 있다.

7. 수정 조항 제7조(민사 사건에서의 권리)

소송에 걸린 액수가 20달러를 넘는 경우에는 배심원에 의한 심리를 받을 권리가 보장된다. 배심원에 의하여 심리된 사실은 관습법 규정에 따라 어떤 연방 법원에서도 재심을 받지 않는다.

8. 수정 조항 제8조(보석금, 벌금 및 형벌)

범죄 혐의를 받고 있거나 범죄 사실이 확인된 사람이라 하더라도 과다한 보석금을 요구하거나, 과다한 벌금을 과하거나, 잔혹하고 비정상적인 형벌을 내리지 못한다.

9. 수정 조항 제9조(시민의 권리)

본 헌법에 특정 권리를 열거한 사실을, 시민이 가지고 있는 그 밖의 여러 권리를 부인하거나 경시하는 것으로 해석해서는 안 된다.

10. 수정 조항 제10조(주와 시민이 보유하는 권한)

본 헌법이 연방 정부에 위임하지 않았거나, 각 주 정부에 금지하지 않은 권한은 각 주 정부나 시민이 보유한다.

이후 시간이 흐르면서 현재 17개의 수정 조항이 더 제정되었다. 이 가운데 1865년 12월 18일에 비준된 수정 조항 제13조는 노예제도 폐지를 골자로 삼고 있고, 1870년 3월 30일에 비준된 수정 조항 제15조는 "미국 시민의 투표권은 인종, 피부색 또는 과거의 예속 상태로 해서 미국이나 주에 의하여 거부되거나 제한되지 아니한다"고 하여 흑인의 투표권을 인정하고 있다.

이 가운데 특별한 내용을 담은 수정 조항이 있다. 바로 수정 조항 제22조다. 1947년에 발의되고 1950년에 비준된 조항으로 대통령 임기를 제한하고 있는데, 구체적인 내용은 다음과 같다.

제1절

누구도 3회 이상 대통령에 선출될 수 없으며, 또 타인이 대통령으로 당선된 임기 중 2년 이상 대통령직에 있었거나 대통령 직무를 대행한 사람은 2회 이상 대통령으로 선출될 수 없다. 다만, 본 조는 연방 의회가 이를 발의하였을 때 대통령직에 있는 사람에게 적용되지 않으며, 또 본 조가 효력을 발생하게 될 때에 대통령직에 있거나 대통령 직무를 대행하고 있는 사람은 예외로 한다.

제2절

본 조는 연방 의회가 각 주에 회부한 날로부터 7년 이내에 각 주의 4분의 3의 주 의회에 의하여 헌법 수정 조항으로 비준되지 않으면 효력을 발생하지 못한다.

흔히 미국의 대통령제는 4년 중임제로 알려져 있다. 많은 사람들은 이것을 초대 대통령을 역임한 조지 워싱턴의 정치적 유산으로 생각한다. 1789년부터 1797년까지 대통령에 당선된 워싱턴은 두 번의 임기가 끝나자 고향으로 돌아갔다. 당시 연방헌법에는 대통령 임기가 두 번이라는 규정이 없었지만, 그가 두 번만 임기를 마친 후 대통령에서 물러나자 이는 일종의 관례가 되었다. 이러한 관례는 1932년 대통령 선거 때까지 계속 유지되었다.

1932년 대통령 선거는 다른 어느 시기보다도 무거운 사회 분위기 속에서 치러졌다. 바로 대공황 때문이었다. 제1차세계대전 참전 이후 1920년대 미국은 경제적으로 황금기였다. 하지만 1920년대 말 경기 하락과 함께 경제가 침체되기 시작했고, 결국 1929년 10월 24일에 발생한 '암흑의 목요일(Black Thursday)'을 시작으로 월스트리트의 주가는 폭락했다. 당시 미국 GDP의 60퍼센트 이상이 감소했고 독일에서는 노동인구의 40퍼센트 이상이 실업자로 전락했다.

이 시기 미국의 대통령은 허버트 후버Herbert Hoover였다. 그는 1928년 대통령 선거에서 민주당 후보였던 앨 스미스Al Smith를 큰 득표차로 이기고 당선되었다. 대공황이 발생하면서 주식시장은 최악의 위기에 직면했지만 여파는 급속하게 나타나지 않았다. 고용 감소나 물가 증가 등이 천천히 나타났기 때문에 당시 후버나 기업가들은 불경기를 일시적인 것으로 생각했다.

하지만 불황은 계속되었다. 뉴욕증권거래소에서 거래되는 주식의 가치는 대공황 이전과 비교했을 때 5분의 1도 채 되지 않았고, 5,000개가 넘는 은행이 파산했다. 1932년 통계에 따르면, 미국 노동인구의 약 25퍼센트가 실업자였다. 당시 후버 행정부는 기업을 지원하기 위한 정책과 농가 부채 지원 정책, 공공사업 확대 등을 시행했지만, 상황은 더욱 악화되기만 했다. 결국 미국 국민들은 후버에게 실망했고, 많은 사람이 '뉴딜 정책New Deal'을 제시한 프랭클린 루스벨트Franklin D. Roosevelt를 선택했다.

"우리가 두려워할 것은 두려움 그 자체다.(The only thing we have to fear is fear itself)" 이는 루스벨트의 대통령 취임 연설로 매우 유명한 말이다. 두려움을 극복하기 위해서는 현실을 제대로 직시하고 이해해야 한다는 의미다.

그는 대통령의 최우선 과업으로 미국 경제 활성화를 꼽았다.

이를 위해 은행 정상화를 위한 '긴급은행법Emergency Banking Act'이나 주요 농산물 생산을 제한함으로써 농산물 가격 하락을 방지하는 '농업조정법Agricultural Adjustment Administration'을 제정했다. 또한 테네시강 유역 개발 사업을 통해 지역 개발 및 실업자를 구제했다. 이러한 과정 중에 경제 분야에서 연방 정부의 개입이 강화되었다.

그 결과, 1935년 여름부터 경기가 조금씩 활성화되었다. 이에 루스벨트는 1936년 대통령에 재선되었다. 1939년에 제2차세계대전이 발발하자 1940년 선거에서 워싱턴 이래 한 번도 시도되지 않았던 3선에 성공했다. 1941년에 일본의 진주만 습격으로 미국은 제2차세계대전에 참전하게 되었다. 군수산업의 활성화로 미국 경제는 회복되기 시작했고 실업자는 감소했다.

1944년 대통령 선거에서 승리한 루스벨트는 미국 역사상 최초로 4선 대통령이 되었다. 하지만 그의 4선 당선을 둘러싸고 미국 사회에서는 심각한 반발이 초래되었다. 결국 수정 조항 제22조를 제정했고 이후 대통령의 3선을 금지시켰다.

이렇게 미국 역사상 유일하게 네 번씩이나 대통령에 당선된 루즈벨트에게도 큰 시련이 있었다. 1920년에 그는 오하이오 주지사 제임스 콕스James Middleton Cox의 러닝메이트로 민주당 부통령 후보로 지명되었다. 당시 미국 내에서는 우드로 윌슨Woodrow Wilson이 제안한 국제연맹에 대한 여론이 좋지 않았다. 그럼에도 불구하고 루스벨트는 윌슨을 지지했기 때문에 공화당 후보인 워런 하딩Warren Harding에게 패배했다. 그러나 그에게는 더 큰 절망이 있었다. 바로 치명적인 질병이었다.

2. 루스벨트 다임을 만든 소아마비

2년 전에 결혼했다가 이혼한 부부가 있다. 완벽함을 추구하는 여성은 상류층임에도 불구하고, 재즈 뮤지션이라는 직업을 택한 남편의 인생관을 참을 수 없었기 때문에 이혼을 선택했다. 하지만 남성은 여전히 아내를 사랑한다. 그녀는 자신의 과시욕을 충족시켜줄 새로운 남성과 결혼을 앞두고 있지만, 전남편이 나타나 그녀의 마음을 되돌려놓기 위해 노력한다. 사랑 이야기와 함께 아름다운 재즈 선율이 흐르는 이 뮤지컬 영화는 1957년에 개봉한 〈상류사회〉다.

여자 주인공 그레이스 켈리Grace Kelly는 이 영화를 마지막으로 모나코의 왕비가 되었다. 이 사건을 둘러싸고 한 가지 소문이 무성했다. 그녀가 〈상류사회〉에 함께 출연했던 미국 가수이자 영화배우 프랭크 시나트라Frank Sinatra로부터 2달러를 선물 받은 뒤에 왕비가 되었다는 것이다. 이후 사람들 사이에서는 2달러 지폐가 '행운의 지폐'로 알려지면서 이 지폐를 가지고 있으면 행운이 찾아온다는 속설이 떠돌았다.

오늘날 달러는 미국의 법정통화로 가장 잘 알려져 있다. 하지만 달러는 화폐단위의 일종으로 미국 외의 다른 나라들에서도 달러를 사용하고 있다. 전 세계적으로 달러를 사용하고 있는 국가로는 호주, 홍콩, 뉴질랜드, 대만, 싱가포르, 캐나다, 짐바브웨, 라이베리아, 브루나이 등이 있다. 다시 말해, 달러는 세계 여러 나라에서 사용하고 있는 화폐의 이름이고, 우리에게 가장 잘 알려진 것은 미국 달러인 셈이다.

달러의 어원은 15세기 중반 유럽으로 거슬러 올라간다. 당시 유럽에서는 빈번한 전쟁 때문에 동전의 가치가 계속 하락했다. 이와 더불어 인도나 동남아시아, 중국 등으로부터 향신료와 도자기 등을 수입할 때 금이나 은을 지불했기 때문에 동전을 주조하는 데 사용할 수 있는 금과 은이 많지 않았다. 당시 신성로마제국에서 사용하던 은화인 '그로셴Groschen'의 은 함유량은 5퍼센트도 되지 않았다.

이후 유럽의 일부 지역에서 은광이 발견되면서 여러 종류의 은화가 주조되었다. 15세기 후반 이탈리아에서는 '트론Tron'이라는 은화와 '리라Lira'라는 은화를 발행했다. 오스트리아에서는 '하프 굴덴그로셴half Guldengroschen'이라는 은화를 발행하기도 했다. 이후 은이 채굴되는 지역에서는 이를 모방한 여러 종류의 은화들이 등장했다.

오늘날 체코 북부 지역에 해당되는 보헤미아 왕국의 야히모프는 광산 도시로 유명했다. 특히 요아힘스탈에서는 거대한 은광이 발견되었다. 당시 야히모프의 인구는 3,000명이 채 되지 않았는데, 1만 5,000명 이상의 광부들이 900개가 넘는 광산에서 은을 채굴하기 시작했다. 이 지역의 영주는 은을 이용해 29.2그램의 은화를 주조했는데, 보헤미아 은화는 유럽으로 널리 확산되었다.

사람들은 유럽에서 통용된 보헤미아 은화를 '요아힘스탈러 그로셴 Joachimsthaler Groschen'이라고 불렀다. 그러다가 점차 '탈러-그로셴Taler–Groschen' 또는 '요아힘스탈러Joachimsthaler'라고 줄여 부르다가 결국 '탈러Taler'로 부르기 시작했다. 이후 요아힘스탈의 은 채굴량은 점점 감소하기 시작했고 은화 주조도 17세기 후반에 종식되었다. 하지만 '탈러'라는 이름은 계속 존재해 오히려 전 세계로 확산되었다. 스페인 덕분이었다.

15세기 말 유럽에는 아메리카 어딘가에 황금의 나라가 존재한다는 소문이 만연했다. 그 황금의 나라는 바로 '엘도라도El Dorado'였다. 당시 소문에 따르면, 거대한 도시 전체가 금으로 도배되어 있다. 그래서 당시 영국이나 포르투갈, 스페인 등 아시아로 항해하려던 나라들은 일확천금을 꿈꾸고 엘도라도 탐험을 시작했다. 하지만 대부분 탐험 도중 사망하거나 별다른 소득 없이 돌아왔다.

당시 엘도라도로 주목받은 구아타비타호수는 오늘날 콜럼비아 보고타고원의 해발 2,700미터 산에 위치해 있다. 구아타비타호수는 사화산 화구에 생긴 호수다. 이 지역에 살고 있던 치브카족을 다스리던 추장은 호수 한가운데 보물을 던지고 돌아와서 몸에 묻은 금가루를 씻었다는 전설이 전해진다. 이는 추장의 권위를 과시하기 위한 행위로 해석된다. 그래서 일부 유럽인들은 구아타비타호수의 물을 전부 빼내고 그 속에 가라앉은 보물을 찾아내려고 했지만 결국 실패했다.

스페인에서도 엘도라도를 찾아 나서는 탐험이 시작되었다. 1513년 스페인 탐험가 바스코 발보아Vasco Nunez de Balboa는 엘도라도에 관한 소문을 듣고 대규모 원정대를 조직했다. 이른바 '발보아 원정대'에는 모험을 유난히 좋아하는 어느 사생아가 참가했다. 아버지는 군인이지만 어머니가 천민이기 때문에 돼지를 돌보면서 어려운 생활을 해나갔다. 그는 새로운 인생을 위해 아메리카로 건너갔다. 이후 발보아가 누명을 쓰고 처형되자 그는 발보아의 후계자가 되었다.

이후 잉카제국에 관한 정보를 입수하고 원정대를 구성해 남아메리카를 탐험했다. 이 원정에서 한쪽 눈을 잃었지만 잉카제국의 존재를 확인할 수 있었다. 스페인으로 돌아간 그는 국왕 카를로스 5세Karl V를 설득해 원정을 허락받았다. 국왕에게는 그 대가로 엄청난 양의 금과 은을 약속했다. 180명의 병사와 함께 원정을 떠난 그는 바로 프란시스코 피사로Francisco Pizarro였다.

피사로가 잉카제국에 도착했을 때 제국은 정치적으로 혼란스러웠다. 잉카제국의 군주는 '사파 잉카Sapa Inca'라고 부르는데, 이는 제국의 공용어인 케추아어로 '유일한 왕'을 뜻한다. 당시 사파 잉카인 우아이나 카팍Huayna Capac이 사망하자 그 자리를 둘러싸고 형제간에 내분이 발생했다. 원래 후계자는 큰아들인 니난 쿠요치Ninan Cuyochi였지만, 그는 천연두로 사망했기 때문에 우아스카르Huáscar가 제13대 사파 잉카로 즉위했다.

일부 기록에 따르면, 그는 상당히 난폭하고 욕심이 많았다. 아랫사람이 자신의 마음에 들지 않는 행동을 하면 바로 죽이거나 전대 사파 잉카의 땅이나 신에게 바친 땅을 자신의 소유로 삼기도 했다. 이에 불만을 가진 사람은 우아이나 카팍의 서자 아타우알파^{Atahualpa}였다. 그는 반란을 일으켰고, 형제간의 전쟁은 5년 동안 계속되었다. 전쟁 끝에 결국 아타우알파카 제14대 사파 잉카로 즉위했다.

피사로는 전쟁에서 승리한 아타우알파를 오늘날 페루 북쪽의 고지에 해당하는 카하마르카에서 만났다. 이 시기에 잉카제국의 인구는 600만~700만 명 정도였고, 아타우알파의 군대는 8만 명 이상으로 추정된다. 이에 비해 피사로의 군대는 180명밖에 되지 않았다. 아타우알파를 만난 피사로는 그에게 기독교 개종을 권했지만, 황제가 거부하자 결국 전투가 발생했다. 잉카제국의 엄청난 병력에도 불구하고 아타우알파는 피사로에게 포로로 잡혔다.

스페인 침략자들이 금이나 보석을 좋아한다는 사실을 알게 된 아타우알파는 놀랄만한 제안을 했다. 만약 자신을 풀어준다면, 두 달 안에 가로 6.7미터, 세로 5.2미터, 높이 2.4미터에 해당하는 방을 가득 채울 만큼의 금과 그 두 배에 달하는 은을 주겠다는 것이었다. 이 제안은 당시 잉카제국에 금이나 은이 얼마나 많이 매장되어 있는지 잘 보여준다. 결국 아타우알파는 우상숭배와 스페인에 대한 반란 등으로 유죄 선고를 받았고 사형에 처해졌다.

이후 스페인은 남아메리카의 여러 지역을 차례대로 식민화했다. 1535년에는 오늘날 볼리비아에 해당하는 지역을 식민지로 삼았다. 이 지역에 있는 포토시산에서 엄청난 양의 은이 매장된 은광이 발견되었다. 이후 포토시산에는 은광석 분쇄 시설이 들어서고, 여기서 가루가 된 은은 스페인으로 이동해 은화로 주조되었다. 당시 기록에 따르면, 포토시 은광에서 채굴되는 은의 양이 전 세계 은 채굴량의 절반 이상이었다. 스페인 입장에서 포토시산은 그야말로 '부富를 불러오는 산'이었다.

하지만 아메리카 원주민의 입장은 전혀 달랐다. 이들에게 포토시산은 '사람을 잡아먹는 산'이었다. 당시 포토시 은광에서는 저렴한 비용으로 많은 양의 은을 채굴하기 위해 '미타Mita'라는 제도를 실시했다. 미타는 일종의 강제 노동 부역을 의미한다. 이는 19세기 초까지 약 250년 정도 지속되었다. 아메리카 원주민들은 45킬로그램짜리 은광석 포대를 하루에 25개씩 강제로 운반해야만 했다. 어느 기록에 따르면, '월요일에 들어온 원주민 노동자 20명이 토요일이 되면 절반 이상이 일하지 못할 지경'이었다.

이렇게 채굴된 은은 스페인으로 이동해 은화로 주조되었다. 그리고 스페인은 전 세계 은화 공급을 담당했다. 이제 '탈러'는 은화뿐만 아니라 화폐의 대명사가 되었다. 여러 국가에서 화폐를 발행하면서 '탈러'라는 이름을 붙였고 미국도 예외는 아니었다.

미국에서 달러가 사용되기 시작한 것은 1913년에 연방준비법Federal Reserve Act이 제정된 이후부터다. 이 법에 따라 연방준비제도가 마련되었는데, 미국 전역을 12개 연방준비구로 구분하고 구마다 연방준비은행을 두어 은행권 발행 독점권이나 어음 재할인, 법정 지급 준비금 보관 등의 역할을 담당하도록 했다. 이후 미국에서는 화폐개혁이 한 번도 없었고, 디자인 변경도 거의 없어서 미국 지폐는 흔히 '그린 백Green Back'이라고 불린다.

현재 미국 지폐는 총 여섯 종류로 구분된다. 1달러는 실생활에서 가장 많이 사용되는 지폐로 초대 대통령인 조지 워싱턴의 초상이 그려져 있다. 2달러는 발행 및 통용되는 화폐이지만 실생활에서 쉽게 볼 수 없는 지폐로 제3대 대통령 토머스 제퍼슨Thomas Jefferson이 등장한다. 5달러는 1달러와 함께 가장 많이 사용되는 지폐로 제16대 대통령 에이브러햄 링컨Abraham Lincoln의 초상이 그려져 있다.

이 밖에도 10달러에는 초대 재무부 장관을 역임한 알렉산더 해밀턴Alexander Hamilton, 20달러에는 제7대 대통령인 앤드루 잭슨Andrew Jackson이 등장한다. 50달러에는 제18대 대통령 율리시스 그랜트Ulysses S. Grant, 100달러에는 벤저민 프랭클린Benjamin Framklin의 초상이 그려져 있다. 1920년대에는 500달러 지폐도 발행되었지만 1940년대 중반에 발행을 중단했다. 10만 달러 지폐도 있는데, 이는 은행 간 지급 결제용으로 시중에 유통되거나 소유할 수 없다.

미국 화폐에는 지폐 외에 동전도 있다. 총 여섯 종류가 있지만 실제로 사용되는 것은 네 종류이며, 이 가운데 사람들이 주로 사용하는 것은 두 종류다. 1센트는 우리나라 10원짜리와 비슷한데, '페니penny'로 잘 알려져 있다. 링컨 탄생 100주년을 기념해 도안을 만든 뒤 계속 사용하고 있다. 거스름돈으로 주로 사용되는 5센트는 '니켈nickel'이라고 부르며 제퍼슨의 초상이 있다.

10센트는 '다임dime'이라고 부르는데, 그 주인공은 제32대 대통령 프랭클린 루스벨트다. 25센트는 '쿼터quarter'라고 부르며 워싱턴의 초상이 새겨져 있다. '하프half'라 불리는 50센트에는 존 F. 케네디John F. Kennedy의 초상이, 1달러 동전에는 쇼쇼니족 여성인 사카가위아Sacagawea의 초상이 새겨져 있다. 그녀는 미국 서부 개척 때 통역과 길잡이 역할을 담당했다. 이 가운데 실생활에서 주로 사용되는 동전은 다임과 쿼터뿐이다.

■ **루스벨트 다임**
10센트를 지칭하는 루스벨트 다임. 원래는 전령의 신 헤르메스가 새겨져 있었는데, 1954년부터 디자인을 변경해 루스벨트 대통령을 새겼다.

10센트는 특별히 '루스벨트 다임'이라는 별명을 가지고 있다. 물론 10센트에 루스벨트의 초상이 새겨져 있기도 하지만, 이 동전은 루스벨트와 어떤 관련성을 가지고 있다. 미국 역사상 가장 어려운 시기였던 대공황과 제2차세계대전 기간 동안 미국을 이끈 루스벨트가 1921년에 갑자기 소아마비 진단을 받고 하반신이 마비되었다.

소아마비는 폴리오바이러스poliovirus에 의해 신경계가 감염되면서 발생하는 질병이다. 주로 두 가지 형태로 발병하는데, 한 가지는 척수성 소아마비 급성회백수염이고 다른 한 가지는 뇌성소아마비다. 전염병인 척수성소아마비는 척수신경이 폴리오바이러스에 감염되어 수족마비가 발생한다. 뇌성소아마비는 여러 가지 원인 때문에 뇌신경이 감염되어 발생하는 것으로 전염되지 않는다. 오늘날에는 예방접종이 효과적으로 시행되면서 발생률이 감소해 WHO는 1994년에는 서유럽 지역에서, 2000년에는 우리나라를 포함한 태평양 서쪽 지역에서 소아마비의 박멸을 선언했다.

그러나 20세기 초 미국을 비롯해 전 세계적으로 소아마비는 치명적인 전염병이었다. 대도시를 중심으로 소아마비는 빈번하게 창궐했고, 1940년대와 1950년대에 절정에 달했다. 이 시기에 매년 전 세계적으로 50만 명 이상이 소아마비로 마비 증상을 일으키거나 사망했다. 루스벨트는 미국 전역에서 발생하는 소아마비를 통제하기 위해 '10센트의 행진March of Dimes'을 추진했다. 1931년부터 1945년까지 방송된 미국 라디오 다큐멘터리인 〈시간의 행진The March of Time〉을 모방한 것이다.

이 다큐멘터리에 출연한 미국 코미디언 에디 캔터Eddie Cantor는 1938년 1월 30일 루스벨트의 생일을 앞두고 전국적인 모금 캠페인을 시작했다. 캠페인의 목적은 미국 내 치명적인 전염병을 극복하는 것이었다. 캔터는 옷깃에 꽂는 핀을 만들었는데, 이 핀은 10센트에 판매되었다.

수천 명의 사람들이 백악관으로 카드나 편지를 발송했다. 여기에는 10센트 동전이 들어 있었다. 이를 통해 당시 8만 5,000달러 이상을 모금했다. 루스벨트는 자신의 생일 축하 방송에서 "문자 그대로 트럭에 실린 우편물 봉투가 백악관으로 배송되었다. 대략 4~5만 통의 편지를 받았고 오늘은 더 많은 편지를 받았다. 이 모든 봉투에는 다임과 쿼터, 그리고 1달러 지폐가 들어 있었다. 대부분 소아마비를 앓는 아이들을 돕고자 하는 아이들로부터 온 것이다. 생일에 이러한 뜻깊은 일을 하게 되어 영광이다"라고 밝혔다.

'10센트의 행진'은 어린아이들도 기부할 수 있었다. 그래서 크리스마스 시즌이 되면 아이들이 10센트를 넣을 수 있도록 도시 이곳저곳에 모금 부스를 설치했다. 여러 해에 걸쳐 70억 달러가 넘는 기금이 모였다. 대부분은 학생과 어린아이들로부터 받은 기금이었다. 이 가운데 상당 금액이 '소아마비와의 전쟁'에 사용되었다.

1945년 4월 12일, 루스벨트가 사망한 뒤 한 달이 채 지나지 않아 루이지애나주 하원 의원 제임스 모리슨James Hobson Morrison이 법안을 발의했다. 수많은 미국인을 공포로 몰아넣은 전염병을 극복하기 위해 노력한 루스벨트의 업적을 기려 10센트에 루스벨트의 초상을 새기자는 안건이었다.

당시 10센트는 그리스신화에 등장하는 전령의 신 헤르메스Hermes의 초상이 새겨진 '머큐리 다임Mercury dime'이었다. 10센트 동전은 의회의 동의가 없어도 조폐국에서 변경할 수 있었기 때문에 이후 머큐리 다임은 루스벨트 다임으로 변경되었다. 바로 소아마비 때문이었다.

3. 1916년 유행성 전염병과 1952년 최악의 전염병

병약한 왕은 자신이 일찍 세상을 떠날 것을 예견하고 신하들에게 어린 세자가 왕으로 등극하면 잘 보필하라고 부탁했다. 하지만 어린 왕의 작은 아버지는 왕의 부탁을 받은 세 명의 신하 중 한 사람의 집을 불시에 습격해 그와 두 아들을 죽였다. 이후 나머지 신하들도 죽였고, 자신의 친동생도 이 신하들과 한패가 되어 왕위를 찬탈하려 했다는 죄목을 씌워 귀양을 보낸 뒤 제거했다. 반대파를 숙청하고 정권을 장악한 이 사람이 바로 조선 제7대 왕인 ·세조世祖다. 1453년 계유년에 발생했다고 해서 이 반란은 '계유정난癸酉靖難'이라고 불린다.

이처럼 역사 속에는 조카 다음으로 왕이 된 삼촌이 여러 명 있었다.

로마제국의 제4대 황제 클라우디우스^{Claudius}도 조카 다음으로 황제에 즉위했다. 다만 세조처럼 조카의 자리를 찬탈한 것이 아니라 조카인 칼리굴라^{Caligula}가 암살된 뒤에 황제가 되었다. 황제로 즉위하기 전 집정관이었던 클라우디우스는 최초의 군인 출신 황제가 되었다. 이 황제도 어렸을 때 소아마비를 앓았다.

인류 역사 속에서 소아마비의 기원은 고대 이집트까지 거슬러 올라간다. 1897년에 영국 고고학자 플린더스 페트리^{Flinders Petrie}는 이집트 카이로에서 남쪽으로 약 100킬로미터 정도 떨어진 데샤셰흐^{Deshasheh}에서 발굴 작업을 했다. 여러 무덤과 유물을 발견하던 도중 특히 한 무덤에서 발굴된 유적이 관심을 끌었다. 지배계급으로 추정되는 노인의 미라와 120센티미터 정도 되는 길이의 지팡이가 발굴되었다. 발굴팀은 이 미라가 정상이 아니라는 사실을 깨달았다. 왼쪽 대퇴골이 오른쪽에 비해 8센티미터 정도 짧았기 때문이다. 이 노인은 소아마비를 앓은 환자였던 것이다. 기원전 3700년경의 미라로 추정되어 이 시기에도 소아마비가 창궐했음을 알 수 있다.

　

아베 마리아 성모여 방황하는 내 마음

그대의 앞에 꿇어앉아 하소하노니 들으옵소서

내 기도드리는 마음 평안히 잠들여주소서

어린 소녀의 기도를 성모여 돌보아주옵소서 아베 마리아

　

흔히 전 세계의 3대 〈아베 마리아〉라고 하면, 프랑스 작곡가 샤를 구노^{Charles Gounod}와 이탈리아 작곡가 줄리오 카치니^{Giulio Caccini}, 오스트리아 작곡가 프란츠 슈베르트Franz Peter Schubert의 〈아베 마리아〉를 꼽는다.

아베 마리아란 '안녕하십니까, 마리아'라는 뜻으로 예수를 잉태한 마리아를 방문한 천사의 문안 인사와 세례 요한의 어머니 엘리사벳이 마리아에게 건넨 인사에서 유래된 표현이다. 원래 6세기경 가톨릭교회의 기도문 가운데 하나였는데, 10세기쯤 기도문에 곡을 붙여 성모 마리아를 찬미하는 성가로 사용되기 시작했다.

이 가운데 슈베르트의 〈아베 마리아〉는 어느 스코틀랜드의 서사시를 사용한 것으로 알려져 있다. 이 서사시는 스코틀랜드 시인이자 역사소설가 월터 스콧 경Sir Walter Scott의 「호수의 여인Lady of the Lake」이다. 1810년에 출판된 서사시로서 총 6부로 구성되어 있으며, 각 부는 하루에 일어난 일을 읊고 있다. 모두 4,956행으로 구성되어 있다.

칸트린호의 작은 섬에 사는 엘렌Ellen은 맬컴Malcolm과 사랑하는 사이지만, 아버지와 같은 편인 족장 로데리크Roderick도 그녀를 사랑해서 반란을 일으킨다. 이에 왕이 로데리크를 토벌하고 엘렌과 맬컴의 사랑을 축복해준다는 것이 서사시 전체의 내용이다.

슈베르트는 이 서사시에 매우 감동받아 이 중 몇 개의 시에 곡을 붙였다. 이 가운데 하나가 바로 〈엘렌의 노래〉이다. 그는 엘렌을 위해 세 곡을 작곡했는데, 이 중 세 번째 곡이 '엘렌의 세 번째 노래'로 〈아베 마리아〉다.

이렇게 슈베르트에게 엄청난 영감을 준 월터 스콧 경은 소아마비를 앓고 있었는데, 문헌상으로 기록된 최초의 사례다. 당시 그의 질병에 관해서는 '오른쪽 다리의 힘이 빠지는 심각한 열병'이라고 기록되어 있었다. 이 시기에는 소아마비의 원인에 관해 알려지지 않았기 때문에 후일 소아마비와 관련된 의학 연구는 스콧 경이 자신의 질병에 대해 남긴 여러 기록으로부터 영향을 많이 받았다.

사실 20세기 전에는 소아마비에 관한 정보가 그리 많이 알려지지 않았다. 마비를 초래하는 소아마비 전염병이 급속하게 유행한 것은 1900년대 이후부터였다. 1841년에 루이지애나주에서 처음 여러 건의 소아마비가 발생한 이후 미국에서는 50년 가까이 유행성 소아마비가 발생하지 않았다. 1893년에는 보스턴에서 26건의 소아마비가 발생했고, 버몬트주에서도 132건의 소아마비가 발생해 이 중 18명이 사망했다.

유행성 소아마비는 20세기 이후 더욱 빈번하게 발생했다. 이 가운데 1916년에 발생한 유행성 소아마비는 유독 치명적이었다. 1916년 6월, 뉴욕시 브루클린에서 소아마비가 발생했다. 6월 26일까지 보고된 사례는 183건이었다. 전염병은 뉴욕시 남쪽으로 계속 확산되고 있었다. 당시 브루클린에서 11명이 소아마비로 사망했다. 전해인 1915년 한 해 동안 13명이 소아마비로 사망한 것과 비교하면 엄청난 수치였다.

6월 28일에는 23건의 추가 사례가 보고되어 브루클린에서만 발생한 소아마비 감염 사례는 200건 이상이었다. 7월이 되자 뉴욕시의 다른 지역에서도 소아마비 감염 사례가 발생했고 사망자는 계속 급증했다. 유행성 소아마비가 정점에 달한 것은 8월 초였다. 이 시기에 소아마비 감염 사례는 2만 7,000건 이상이었고, 사망자 수는 6,000명 이상이었다. 뉴욕시에서만 2,000명 이상이 사망했다.

시민들의 공포심이 급증하자 뉴욕시 보건국은 건강한 시민들을 보호하기 위해 여러 예방 대책을 마련했다. 그중 하나는 격리 조치였다.

우선 소아마비로 확진된 환자들과 그 가족들을 격리시키고 이름과 주소를 언론에 공개했다.

당시 소아마비의 발생 원인이 알려지지 않았기 때문에 최선의 방법은 격리밖에 없었다. 더불어 사람들이 많이 모이는 공공장소를 폐쇄하고 소아마비가 발생한 지역을 화학 소독제로 정화했다. 소아마비 환자를 치료하기 위한 특수 클리닉도 설립했다.

1916년의 유행성 전염병은 뉴욕시와 인근 지역에 공황을 초래했다. 수천 명에 달하는 사람들이 도시를 떠나 휴양지로 피신했다. 도시가 텅 비면서 극장과 오락 시설은 문을 닫았다. 공공장소도 텅 비었고 여러 회의와 모임도 전부 취소되었다. 놀이공원이나 수영장, 해변에서도 사람들을 거의 찾아볼 수 없었다. 이는 결국 경제 불황으로 이어질 수밖에 없었다.

일부 의사들은 소아마비 치료법을 제시하기도 했다. 하지만 소아마비의 원인을 명확하게 밝히지 못해 당시에 등장한 치료법은 이상하고 위험한 것이 대부분이었다. 예를 들면 다음과 같은 치료법이 있었다.

1. 양전하로 다리를 통해 산소를 충분히 공급하기
2. 아몬드나 산화된 물을 이용해 목욕하기
3. 캐모마일이나 느릅나무, 겨자 등으로 만든 습포제
4. 카페인이나 콜라, 키니네, 금 염화물, 와인 등을 마시기

파리 때문에 소아마비가 발생한다고 주장하는 사람들도 있었다. 그래서 마구간 주변과 소아마비 환자의 상관관계를 밝히는 역학조사

도 시행되었다. 당시 뉴욕시 보건국에서는 마구간의 분뇨 처리 과정이 위생적인지 조사했고, 마구간에 서식하는 파리의 번식을 막기 위해 위생적인 환경을 제공해야 한다고 강조하기도 했다. 하지만 이러한 치료법이나 처리법으로 소아마비의 치명성을 통제하는 것은 역부족이었다.

1940년대 이후 미국 전역에서 소아마비는 더욱 빈번하게 발생했다. 1949년에 미국 내 소아마비 발생 사례는 무려 4만 건 이상이었고, 사망자 수는 2,700명 이상이었다. 이 시기의 소아마비가 다른 때보다 유독 치명적인 것은 소아마비 발생 연령이 높아졌기 때문일 것이다. 전문가들에 따르면, 20세기 이전에 소아마비 감염은 대부분 생후 6개월~4세 사이의 아이들에게서 발생했다. 이 시기에 소아마비에 걸린 아이들은 경미한 증상을 겪고 면역력을 갖게 된다.

하지만 19세기 말부터 20세기 초까지 여러 국가에서 하수 처리를 비롯해 위생 상태가 개선되기 시작했다. 위생 상태가 개선됨에 따라 어린아이들이 소아마비에 노출되거나 면역력이 생길 기회도 감소했다. 그래서 소아마비 감염은 더 나이가 많은 아동이나 성인에게서 발생하게 되었다.

당시 소아마비로 인한 마비 증상은, 아동의 경우 1,000명 중 한 명이 발생한 반면 성인의 경우 75명 중 1명이 발생했다. 성인에게서 마비 증상이 발생할 확률이 13배 이상 높았던 것이다. 1950년대 미국에서 발생한 소아마비는 주로 5~9세의 어린아이들에게 나타났고, 전체 감염 사례 중 3분의 1은 15세 이상에 해당되었다.

미국에서 발생한 전염병 소아마비 가운데 가장 치명적인 것은

1952년에 일어났다. 당시 통계에 따르면, 5만 7,000건 이상이 발생하고 이 가운데 3,415명이 사망했다. 2만 명 이상은 마비 후유증도 남았다. 이 소아마비는 비단 한 지역에만 영향을 미친 것이 아니었다. 특히 미국 중서부와 남부의 여러 지역에서 치명적인 영향을 미쳤는데, 대표적인 지역으로는 아이오와주의 수시티Sioux City를 들 수 있다.

1952년 여름에 수시티의 위생 조건은 그리 좋지 않았다. 지난겨울에 폭설이 내렸고 3월에는 갑자기 따뜻해지면서 강이 범람했기 때문이다. 사람들은 하수도 시스템이 제대로 작동하지 않았을 것으로 추정하고 있다. 수도 공급도 부족했다. 이 지역에서 갑자기 유행성 소아마비가 발생해 도시 전체로 이내 확산되었다. 1952년에 수시티에서는 952건의 소아마비가 발생하고 53명이 사망했다.

급증하는 소아마비 환자를 치료하기 위해 수시티의 세인트빈센트 병원에서 사용한 것은 바로 '철폐(鐵肺, iron lung)'였다. 두 개의 진공관이 전기모터에 의해 움직이고, 기계 내부의 압력을 변동시켜 작동했다. 압력이 낮아지면 흉강이 확장되어 진공을 채우고 압력이 올라가면 흉강이 수축한다. 이러한 팽창과 수축은 인체의 호흡과 비슷하다. 소아마비가 유행한 시기에 철폐는 수많은 사람의 생명을 구했다.

그러나 이 기계는 상당히 크고 작동도 번거로웠다. 무엇보다도 가격이 매우 비쌌다. 당시 1인 사용 비용이 1,500달러에 달했다. 짧게는 수개월에서 길게는 수년 내지 평생 동안 이 기계 안에 갇혀 있어야 했기 때문에 철폐를 작동시키는 비용은 상상을 초월했다. 그래서 오늘날에는 사용되지 않는다. 하지만 최근 코로나19 바이러스가 유행하면서 일시적으로 인공호흡이 필요한 환자들이 많아지자 철폐의 대체품

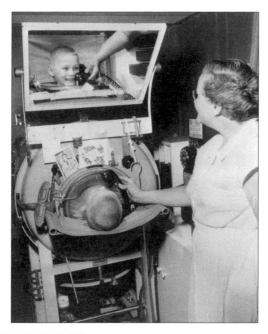

■ **소아마비 환자를 치료하던 철폐**
최근 코로나19 바이러스가 유행하자 사람들은 철폐의 대체품에 많은 관심을 가지게 되었다.

에 대한 관심이 되살아나고 있다.

　소아마비의 치명적인 위협이 미친 곳은 수시티만이 아니었다. 텍사스주에서도 소아마비는 수많은 사람의 목숨을 위협했다. 텍사스주 중부에 위치한 샌앤젤로에서 소아마비는 사람들뿐만 아니라 도시까지 마비시켰다. 도시 관계자들은 수영장이나 극장, 학교, 교회 등 사람들이 모이는 공공장소를 폐쇄했다. 라디오를 통해 지역 주민들에게 공공장소의 출입을 제한하기도 했다.

　사람들은 이민 집단 때문에 소아마비가 발생했다고 비난했다. 어떤 사람은 자동차 배기가스 때문에 전염병이 발생했다고 믿었다. 여전히 소아마비의 원인은 밝혀지지 않았다. 소아마비 환자와 사망자가 급증하면서 군용 수송기로 의료 장비를 공수했다. 말 그대로 전시 상황과 다를 바 없었다.

이 시기에도 파리 때문에 소아마비가 발생한다는 주장이 제기되었다. 그래서 소아마비에 걸린 어린아이의 집에서 트랩으로 파리를 잡아 예일대학교 실험실로 보내기도 했다.

하지만 파리와 소아마비와의 상호 관련성은 밝혀지지 않았다. 그럼에도 많은 미국인들이 소아마비를 퇴치하겠다고 독성 살충제인 DDT를 사용했다. 소아마비가 더욱 빈번하게 발생하고 사망자 수가 급증하면서, 소아마비의 발생 원인을 과학적으로 밝히고 이를 예방하기 위한 백신 개발은 더욱 시급해졌다.

4. 조너스 소크 vs. 앨버트 세이빈

티베트어로 샹그릴라$^{Shangri-La}$는 '마음속의 해와 달'을 뜻하는 단어다. 이는 지상에 존재하는 평화롭고 영원한 행복을 누릴 수 있는 유토피아로 잘 알려져 있다. 1933년에 출간된 영국 소설가 제임스 힐튼^{James} ^{Hilton}의 『잃어버린 지평선$^{Lost\ Horizon}$』에 이상향으로 등장하기 때문이다.

소설에서 샹그릴라는 히말라야와 티베트 국경의 해발 4,500미터에 존재하는 지역이다. 네 사람이 탄 비행기가 납치되어 샹그릴라에 불시착한다. 이곳은 외부 세계와 완전히 단절되어 젊음과 건강을 유지하고 근심과 고통으로부터 해방되어 평화롭게 살 수 있는 지역으로 묘사된다.

중국 윈난성 디칭티베트족자치주는 쿤룬산맥 서쪽에 위치하고 있다. 이 지역은 해발 3,500미터 정도로 산과 계곡, 호수 등이 어우러져 경관이 아름답고 다양한 종류의 동식물이 자란다. 여러 소수 민족이 살고 있지만, 전체의 40퍼센트 이상은 티베트족이다. 원래 지명은 중뎬이었고 2001년에 개명했다. 개명한 지명은 평화롭고 영원한 행복을 누릴 수 있는 유토피아, 바로 샹그릴라다.

미국에도 '샹그릴라'라는 이름을 가진 지역이 있다. 워싱턴 D.C.에서 약 100킬로미터 떨어진 메릴랜드주 프레데릭 카운티의 커톡틴산에는 연방 정부 소유의 공원이 있다. 여기에는 미국 대통령과 가족을 위한 전용 별장이 세워져 있다. 별장에는 대통령을 위한 사무실과 가족 및 내빈을 위한 거주 공간이 마련되어 있고, 수영이나 골프를 위한 스포츠 시설도 갖춰져 있다. 미 해군이 운영하는 이곳은 해병대 소속의 군인들이 순찰하기 때문에 아무나 들어갈 수 없다.

이 지역에 대통령의 별장이 들어선 것은 1942년의 일이다. 당시 대통령인 루스벨트는 여름 더위를 피하기 위해 이 지역에 별장을 세웠다. 높은 곳에 위치해 여름에도 서늘했다. 루스벨트는 힐튼의 소설에 나오는 유토피아의 이름을 따서 이 별장을 '샹그릴라'로 불렀다. 이후 1945년에 해리 트루먼^{Harry S. Truman} 대통령이 이를 대통령 전용 별장으로 만들었고, 1953년에 드와이트 아이젠하워^{Dwight D. Eisenhower} 대통령은 자신의 손자 이름을 따서 '캠프 데이비드^{Camp David}'라고 불렀다. 이후 캠프 데이비드는 대통령의 별장뿐만 아니라 중요한 회담을 개최하는 장소로도 활용되었다.

루스벨트는 대통령으로 당선되기 전부터 자주 방문하는 휴가 장소

가 있었다. 조지아주에 위치한 웜 스프링스인데 원래 지명은 블로크
빌이었다. 조지아주의 주민들은 18세기 후반에 미국에 만연한 황열병
을 피하기 위해 블로크빌에서 휴가를 보내기 시작했고, 블로크빌 근
처에 위치한 섭씨 32도 정도의 따뜻한 온천이 상당히 효과가 있다는
사실을 알게 되었다.

이후 이 지역은 '웜 스프링스'라는 이름으로 불렸으며, 19세기부터
는 온천 휴양지로 유명해졌다. 1921년에 소아마비 진단을 받은 루스
벨트는 다리의 힘을 회복하기 위해 웜 스프링스의 온천을 방문했다.
그로부터 20년 동안 그는 온천을 끊임없이 방문했고, 이 지역이 대통령의 휴가지로 널리 알려졌다.

루스벨트는 이 온천에서 어느 소년이 소아마비 통증을 완화시키는 치료를 받았다는 이야기를 들었다. 그러고는 소아마비와 관련된 연구소인 루스벨트 웜 스프링스 재활 연구소Roosevelt Warm Springs Institute for Rehabilitation를 설립했다. 현재는 조지아주에서 운영하는 종합 재활 시설로 소아마비 환자뿐만 아니라 척수나 뇌 손상, 뇌졸중 환자를 위한 재활 치료도 제공하고 있다. 설립 당시 연구소의 운영비는 국립소아마비재단National Foundation of Infantile Paralysis에서 후원했다.

국립소아마비재단이 설립된 시기는 1938년이었다. 1929년에 설립된 조지아 웜 스프링스 재단을 재구성한 이 재단의 가장 중요한 임무는 소아마비 치료를 위한 자금을 모으고 도움을 제공할 수 있는 지역 네트워크를 수립하는 것이었다.

재단의 첫 이사장인 바실 오코너Basil O'connor는 30년 이상 이사장직을 수행했는데, 그 기간에 미국 내 3,000개 이상의 카운티 지부를 설립했다. 1955년에 소아마비 백신이 승인받을 때까지 국립소아마비재단은 소아마비 환자를 위해 2억 달러 이상의 치료비를 사용했고, 미국 내 소아마비 환자 중 80퍼센트 이상이 재단으로부터 도움을 받았다.

오늘날 소아마비는 거의 발생하지 않는 전염병이다. WHO에 따르면, 1988년에 전 세계적으로 발생한 소아마비 발생 사례는 35만 건이었지만, 2018년에는 33건으로 급격히 감소했다. 1950년대까지 미국에 심각한 영향을 미쳤던 소아마비는 1979년에 문명사회에서 벗어나 18세기의 생활을 유지하고 있는 안만파 신도(Amish) 사이에서 발생한 것을 마지막으로 더 이상 나타나지 않았다. 이는 소아마비 백신 덕분이다. 소아마비 백신은 크게 두 가지 유형이 사용되는데, 주사를 통해 제공되는 불활성화 백신과 구강을 통해 제공되는 약화된 백신이다.

그렇다면 소아마비 백신은 어떻게 개발된 것일까. 1840년에 독일 의사 야곱 하이네Jakob Heine는 소아마비를 다른 마비성 질환과 구별했다. 스웨덴 의사 칼 메딘Karl Oskar Medin은 최초로 소아마비가 유행성 전염병이며 감기 증상부터 마비에 이르기까지 다양한 증상을 보인다고 밝혔다. 그래서 소아마비는 두 사람의 이름을 따서 '하이네-메딘' 병으로 불리기도 했다.

20세기 초 미국 병리학자 사이먼 플렉스너Simon Flexner는 소아마비에 걸렸다가 생존한 원숭이의 혈액에서 항체를 발견했다. 그리고 이 항체로 백신을 개발할 수 있다고 생각했다. 플렉스너는 폴리오바이러스가 호흡을 통해 중추신경계로 이동한다고 믿었는데, 이러한 믿음 때문에 백신 연구는 쉽게 진행되지 못했다. 더욱이 폴리오바이러스는 배양이 생각처럼 쉽지 않았다. 다른 바이러스와는 달리 배양 조건이 매우 까다로웠다. 인간 배아의 뇌 조직에서만 자랐기 때문이다.

최초의 소아마비 백신은 1935년에 개발되었다. 의사인 모리스 브로디Maurice Brodie는 폴리오바이러스에 감염된 원숭이의 신경조직을 액화시킨 뒤 포르말린을 섞어 바이러스를 죽인 사백신을 개발했다. 존 콜머John Kolmer라는 의사도 폴리오바이러스를 약화시킨 생백신을 개발했다.

하지만 결과적으로 두 백신 모두 실패했다. 당시 엄청난 비용 탓에 충분한 동물실험을 하지 못한 채 사람들에게 접종하는 바람에 부작용이 발생한 것이다. 브로디의 사백신은 충분한 항체를 형성하지 못하거나 알레르기와 같은 부작용을 유발했고, 콜머의 생백신은 전신마비라는 부작용을 초래했다. 이후 소아마비 백신 개발은 한동안 침체기에 접어들었다.

소아마비 백신 연구가 다시 활성화된 것은 1948년 이후였다. 존 엔더스John Franklin Enders가 이끄는 하버드 의과대학 연구팀이 일반 조직에서 폴리오바이러스를 배양하는 방법을 알아냈다. 폴리오바이러스의 배양과 공급이 원활해지자 소아마비 백신 개발이 다시 활성화되었다.

그러나 소아마비 백신 개발에는 또 다른 문제가 있었다. 폴리오바이러스에 너무 많은 변종이 존재한다는 것이다. 이는 이미 1930년대에 밝혀진 사실이다. 당시에 알려진 폴리오바이러스 변종만 해도 무려 195개였다. 다시 말해, 195개의 변종 바이러스를 모두 해결할 수 있는 백신을 만들어야 했다. 아니면 이를 분류해 각각의 백신을 만들어야 했다. 이후 많은 연구자들이 폴리오바이러스의 분류화 작업에 매달리기 시작했다.

폴리오바이러스의 분류화 작업은 1949년에 이루어졌다. 존스홉킨스대학과 예일대학의 공동 연구가 성공한 것이다. 이제 소아마비 백신을 만드는 일은 훨씬 간단해졌다. 세 종류의 백신을 만들거나 세 종류에 적용되는 하나의 백신을 만들면 되었다. 당시 알려진 세 가지 폴리오바이러스의 종류는 PV1, PV2, PV3였다.

피츠버그 의과대학에서 바이러스 연구소장을 지내던 조너스 소크Jonas Edward Salk는 이미 인플루엔자 병원체를 연구해 백신을 개발한 경험이 있었다. 국립소아마비재단은 그에게 폴리오바이러스에 세 가지 분류 외에 다른 것이 있는지 조사해달라고 요청했다. 그러면서 추가로

연구 공간과 장비, 연구원 등을 제공했다. 소크는 자연스럽게 국립소
아마비재단의 프로젝트에 참여하게 되었다.

그는 생백신의 위험성이 너무 커서 사백신을 사용하기로 결정했다.
당시 백신은 대부분 생백신을 사용했기 때문에 소크의 선택은 의외였
다. 하지만 그는 인플루엔자 백신을 연구하면서 사백신으로도 충분히
소아마비 백신을 개발할 수 있다고 판단했다. 더욱이 사백신은 안정
성이라는 한 가지 장점을 가지고 있었다. 바로 안전성이다. 바이러스
의 독성을 약화시켜 투여하는 생백신의 경우, 독성이 충분히 약화되
지 않는다면 오히려 부작용이 나타날 수 있다고 생각했던 것이다.

소크가 개발한 사백신은 원숭이의 신장 조직을 시험관에서 배양한
뒤 폴리오바이러스를 이식했다. 그리고 PV1, PV2, PV3를 포르말린으

로 살균한 다음 이를 혼합해 백신을 만들었다. 1952년 7월, 실험동물 테스트에 성공한 그는 이제 사람을 대상으로 사백신을 접종하기로 결심했다.

소크의 백신은 당시 미국 역사상 가장 큰 규모의 의학 실험이었다. 록펠러 연구소의 토머스 프랜시스Thomas Francis Jr.가 주도하는 임상 실험은 버지니아주의 어린아이들 약 4,000명으로 시작해 메일주와 캘리포니아주까지 180만 명의 어린아이들이 참여했다.

이 어린아이들 가운데 44만 명은 1회 이상 백신을 접종받았다. 21만 명은 무해한 배양 배지로 만든 위약을 받았고, 나머지 어린아이들은 접종을 받지 않은 채 대조군이 되었다. 소크는 어린아이들 사이에서 소아마비 발생률을 관찰했다. 그 결과, 소크가 개발한 백신은 PV1에는 60~70퍼센트, PV2 및 PV3에는 90퍼센트 이상 효과적이었다.

1955년 4월 12일 소크의 백신은 안전하다고 판명되었고, '10센트의 행진'에서는 소아마비 백신 예방접종 캠페인을 추진했다. 이에 따라 소아마비 발병 건수는 1953년 3만 5,000건에서 1957년이 되면 5,600건으로 감소했다. 1961년이 되자 미국 내 소아마비 발생 건수는 160건 정도밖에 되지 않았다. 백신의 놀라운 효과였다.

소크는 미국 사회의 영웅으로 부상했다. 하지만 소크의 백신에 이의를 제기한 사람이 있었다. 미국 세균학자 앨버트 세이빈Albert Bruce Sabin이었다. 1930년대 후반에 폴리오바이러스의 감염 경로가 밝혀졌다. 소아마비 환자의 대변에서 폴리오바이러스가 발견되었고, 이를 원숭이에게 주입한 결과 소아마비가 발생했다.

이를 통해 폴리오바이러스가 구강을 통해 감염되고 소화기관을 따라 체내로 침투한다는 사실이 알려졌다.

이와 같은 사실을 토대로 세이빈은 소크의 사백신 대신 생백신을 개발하고, 이를 복용한다면 효과가 있을 것으로 판단했다. 이는 주사로 접종하는 것보다 더욱 편리할 것이라 생각한 것이다. 약독화된 폴리오바이러스가 대변을 통해 배출되고, 많은 사람이 감염된다면 오히려 소아마비에 대한 항체를 가질 것이라고 주장했다. 그는 주사를 통한 소크 백신은 여러 차례 접종해야 하고, 바늘로 인한 위생 문제가 발생할 수 있으며, 관리하기 어렵다고 생각했다. 반면, 복용하는 생백신은 한 번만 먹으면 된다는 장점이 있었다.

복용하는 소아마비 생백신은 이미 1950년에 개발되었다. 폴란드 출신 바이러스학자 힐러리 코프로브스키Hilary Koprowski는 약독화시킨 소아마비 생백신을 뉴욕주에 살고 있는 한 소년에게 실험했다. 소년에게 부작용이 나타나지 않자 그는 19명의 다른 어린아이들에게도 자신이 개발한 생백신을 먹였다.

세이빈은 코프로브스키와 함께 지속적으로 백신을 연구했고, 결국 80명 및 150명을 대상으로 하는 임상 실험을 성공시켰다. 하지만 미국에서는 소크 백신을 사용하고 있었기 때문에 두 사람이 연구한 백신은 소련에서 사용되었다. 1959년 소련에서는 1,000만 명의 어린아이들이 세이빈이 개발한 경구용 소아마비 생백신을 먹었고, 동유럽에서도 이 백신으로 소아마비가 근절되었다.

바이엘Bayer은 독일어에서 유래된 고유명사이지만 우리나라에서는 원래 발음과 전혀 다르게 읽는다. 일제 강점기에 일본어 표기법이 정착했기 때문이다. 원래 독일어 발음대로 읽으면 '바이어'가 맞지만 우

■ **경구용 소아마비 백신**
앨버트 세이빈이 개발한 소아마비 백신은 사백신을 활용한 소크의 백신과 달리 생백신을 사용했다.

리나라에서는 '바이엘'이라고 부른다. 19세기 말 독일에서 설립된 제약회사인 바이엘은 아스피린이나 마데카솔, 베로카 등으로 유명하다. 이 회사는 1974년에 커터 연구소Cutter Laboratories를 인수했다.

커터 연구소는 1897년에 캘리포니아주 버클리에 에드윈 커터Edward Ahern Cutter가 설립한 제약회사다. 초기에는 탄저병 백신이나 돼지 콜레라 백신을 생산했다. 제2차세계대전 이후에는 페니실린을 생산했다. 1955년에 소크가 소아마비 백신에 성공한 이후 커터 연구소는 미국 내 소크 백신 생산을 허가받은 회사 중 하나였다.

그러나 얼마 지나지 않아 일명 '커터 사고'로 알려진 사고가 발생했다. 당시 필수로 시행된 안전 테스트를 통과했지만, 사백신 속에 살아있는 폴리오바이러스가 포함된 것이다. 당시 살아있는 폴리오바이러스가 포함된 소아마비 백신은 20만 명 분이 생산되었다. 이 가운데 4만 명이 접종을 받았다. 이 가운데 4만 명이 구토나 두통, 복통 등을 수반하는 부전형 회백수염 증상을 보였고 56명이 마비성 소아마비에 걸렸다. 다섯 명은 소아마비로 사망했다. 매우 끔찍한 사고가 발생한 것이다. 결국 커터 연구소는 시장에서 소크 백신을 철수시켰다.

하지만 오늘날 소크와 세이빈의 백신은 여전히 사용된다. 이 두 가지 백신이 전 세계 여러 지역에서 소아마비를 근절시키고 있다. 2020년 8월 25일, WHO는 아프리카에서 소아마비가 박멸되었다고 선언했다. 2016년에 나이지리아 북동부 지역에서 마지막 소아마비 환자가 발생한 뒤 더 이상 아프리카에서 소아마비 환자가 발생하지 않았고, 이에 WHO는 공식적으로 소아마비 퇴치를 선언했다. 천연두에 이어 두 번째 선언이다. 이러한 성과는 바로 1950년대 이후 사용된 소아마비 백신 덕분이라 할 수 있다.

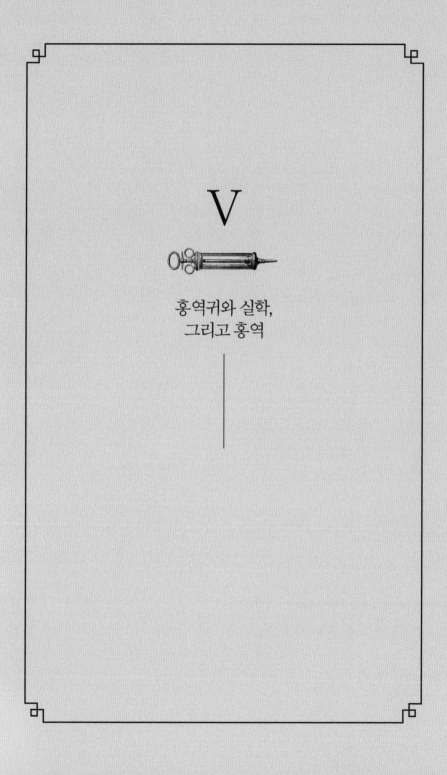

V

홍역귀와 실학,
그리고 홍역

1. 소빙기와 홍역귀

　우리말에 '홍역을 치르다'라는 표현이 있다. 아주 감당하기 어려운 일을 겪었을 때 사용하는 관용구다. 이 말을 통해 홍역이라는 전염병이 얼마나 끔찍한 질병인지 추정해볼 수 있다. 홍역은 홍역바이러스 Measles virus에 의해 발생하는 급성 전염병이다. 공기를 통해 감염되는 이 병은 주로 어린아이들 사이에서 발병한다. 전염성이 매우 높아 한 사람이 홍역에 걸리면 약 15~18명 정도가 감염된다. 대표적인 전염병인 인플루엔자에 비해 전염성이 무려 5배 이상 높다.

　이토록 홍역의 전염성이 높은 것은 홍역바이러스 입자가 매우 작기 때문이다. 바이러스 입자가 작으면 멀리 날아갈 수 있다. 인플루엔자 바

■ **홍역바이러스**
외피막에 싸여 있는 비리온은 여섯 개의 단백질로 구성되어 있다. 이 중 H단백질과 F단백질이 숙주의 호흡기관으로 침투해 바이러스 감염이 발생한다.

이러스가 영향을 미치는 거리는 대략 1.5미터 정도지만 홍역바이러스는 최대 50미터까지 영향을 미친다. 전문가들에 따르면, 집단 면역이 형성되려면 적어도 95퍼센트 이상의 사람들이 백신을 맞아야 한다. 다른 전염병보다 유독 백신의 필요성이 큰 전염병이라 할 수 있다.

조선 시대의 최고 성군이라면 단연코 세종을 꼽을 수 있다. 조선 제4대 국왕으로 유교 정치의 토대를 마련하고 한글을 창제하고 과학기술의 발전을 도모했다. 세종은 왕비 소헌왕후 심씨와 8남 2녀를 낳았는데, 이 중 일곱 번째 아들이 평원대군平原大君이다. 어려서부터 학문에 힘썼지만 심각한 전염병에 걸리고 말았다. 『조선왕조실록』「세종실록」107권 세종 27년 1월 8일의 기록은 다음과 같다.

春享大祭, 在今月十三日, 平原大君在華韡堂發瘡疹。堂與文昭殿近, 而祭則用樂, 方書忌之。其文昭殿之祭, 議諸大臣, 改卜吉日。

예조에 전지하기를 '춘향대제(春享大祭)가 이달 13일인데, 평원대군(平原大君)이 화위당(華韡堂)에서 홍역을 앓고 있고, 화위당이 문소전과 가까운지라, 제사 지내려면 음악을 써야 하는데, 의서(醫書)에는 이것을 꺼리는 것이니, 그 문소전의 제향은 여러 대신과 의논하여 다시 좋은 날짜를 고르게 하라.' 하였다.

당시 평원대군이 앓고 있던 전염병이 바로 홍역이다. 결국 19세에 그는 홍역으로 세상을 떠났다. 사실 세종이 홍역으로 가족을 잃은 것은 평원대군이 처음이 아니었다. 동생인 성녕대군誠寧大君도 14세의 어린 나이에 홍역으로 사망했다.

홍역은 조선 시대에 거의 늘 발생하는 유행성 전염병이었다. 하지만 『조선왕조실록』을 비롯해 여러 기록을 살펴보면, 유독 홍역이 빈번하게 발생하는 시기가 있었다. 『조선왕조실록』에서 홍역이 빈번하게 발생한 시기는 17세기 중반과 18세기 초다. 「현종실록」 14권 현종 9년 4월 28일에는 다음과 같은 기록이 등장한다.

丙申/時八道癘疫大熾, 死者相繼, 而以痘疫, 紅疫死者尤多。京城五部報死九百餘人, 而其實則不可勝計。命令醫官, 持藥以救之。

이때 팔도에 전염병이 크게 퍼져 잇따라 죽었는데, 천연두와 홍역으로 죽은 자가 더욱 많았다. 경성의 5부에서 죽었다고 보고한 자가 900여 인이었는데, 실제로는 이루 헤아릴 수조차 없었다. 의관으로 하여금 약을 가지고 가 구하게 하라고 명하였다.

또한 「숙종실록」 45권 숙종 33년 4월 26일에는 다음과 같은 기록이
등장한다.

戊申/平安道以紅疫死亡, 前後摠一萬數千人狀聞。京外大略同然, 可謂無
前之災沴矣。

평안도에서 홍역(紅疫)으로 사망한 사람이 전후로 모두 1만 수천 명이
라고 장문(狀聞)하였는데, 경외(京外)가 대략 같았으니, 전에 없던 재려
(災沴)라고 할 만하다.

그렇다면 조선 시대 전반에 걸쳐 지속적으로 발생한 홍역이 왜
17세기 중반과 18세기 초반에 더 빈번하게 발생한 것일까. 이 시기는
전 지구적으로 심각한 기후변화가 발생하던 소빙기Little Ice Age였다. 소
빙기는 우리나라에도 심각한 영향을 미쳤는데, 가장 대표적인 것으로
기근을 들 수 있다.

1670년부터 1671년에 걸쳐 발생한 기근은 조선 시대 역사상 최악의
기근이었다. 경술년과 신해년에 걸쳐 발생해 '경신 대기근'이라고 부
르는 이 재난으로 당시 조선 인구 1,400만 명 가운데 40만 명 이상이
사망했다.

「현종개수실록」 23권 현종 11년 8월 15일에는 이런 기록이 등장한다.

京畿各邑, 連日降霜。禾穀未熟者, 擧皆乾枯, 牛疫大熾, 殆無遺種。秋耕
者, 以人代耕, 九人之力, 僅當一牛, 民多廢耕。

경기 각 고을에 된서리가 연일 내려 익지 않은 벼가 모두 말라 죽었다.

또 소의 전염병이 크게 번져 거의 남은 종자가 없었다. 가을갈이를 사람이 소 대신 하였는데, 아홉 명의 힘으로 겨우 소 한 마리의 일을 해낼 수 있었으므로 농사일을 포기하는 백성이 많았다.

약 2주 후에는 이런 기록도 나타났다.

黃海道牛斃者八千餘頭, 大風拔木, 嚴霜連降, 禾穀蕩然無遺.

황해도에 죽은 소가 8,000여 마리였다. 큰 바람에 나무가 뽑히고 서리가 잇달아 내려 폐허가 되어 화곡이 남은 것이 없었다.

이런 기록들을 통해 당시 기근이 얼마나 심각했는지 추정해볼 수 있다.

경신 대기근은 비단 흉작과 기근만 초래한 것이 아니었다. 기후 변화와 더불어 유행성 전염병이 만연했는데, 이 시기에 빈번하게 발생한 전염병은 바로 홍역이었다. 치명적인 기근과 전염병을 야기한 소빙기의 원인은 아직도 명확하게 규명되지 않았다.

하지만 많은 과학자가 태양의 흑점 활동과 상호 관련성을 가지고 있다고 생각한다. 1645년부터 1714년까지를 '마운더 극소기(Maunder minimum)'라고 부르는데, 이 시기에 태양 흑점은 현저하게 감소했다. 이와 더불어 1739년에 발생한 화산 폭발로 화산재와 이산화황이 지구 대기를 뒤덮었다. 결국 기후 변화가 발생했고, 그 결과 유행성 전염병이 만연했다.

에너지 고갈 문제를 해결하기 위해 지구인들은 멀리 떨어진 행성에

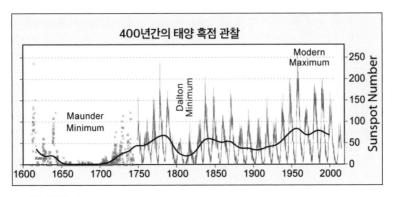

400년간의 태양 흑점 관찰

- **마운더 극소기**

1650~1700년경 태양의 흑점 수가 비정상적으로 적어진 시기를 '마운더 극소기'라고 부른다. 영국 천문학자 에드워드 마운더(E. W. Maunder)의 이름을 따서 붙였다. 나무의 나이테를 조사해 태양 활동의 증거로 활용했다.

서 대체 자원을 채굴하기 시작했다. 하지만 대기의 독성 때문에 대체 자원을 얻기 어려워지자, 이 행성에 살고 있는 토착민의 외형에 인간 의식을 주입하는 새로운 생명체를 탄생시킨다. 하반신이 마비된 전직 해병대원은 이 프로그램에 참가할 것을 제안받아 행성으로 향했고, 새로운 생명체를 통해 자유롭게 걸을 수 있게 되었다.

어느 날 동물로부터 공격을 당한 그는 토착민으로부터 도움을 받고, 그들의 무리에 합류할 수 있게 된다. 지구에서는 평화로운 방법으로 자원을 얻지 못하자 행성을 침략했다. 이런 계획에 반감을 가진 그는 토착민의 육신으로 다시 부활한다. 영화 〈아바타〉의 내용이다.

이 영화가 개봉했을 때 많은 비판이 제기되었다. 미국에서는 영화 내용이 이라크전쟁과 유사하다는 주장이 등장했다. 행성에서 대체 자원을 얻기 위해 대기업이 군대를 지휘하는 장면이 마치 조지 부시 대통령이나 딕 체니 부통령을 비롯한 미국 행정부 일원이 석유 회사임을 보여준다는 것이다.

로마 교황청도 〈아바타〉에 비판을 가했다. 교황청에서는 영화가 종교 대신 자연숭배를 부추긴다고 주장했는데, 행성에 거주하는 토착민인 나비족의 삶이나 이들이 숭배하는 여신 에이와Eywa의 존재가 가톨릭의 믿음에 반한다고 생각한 것이다. 교황청에서는 이 영화 때문에 전 세계적으로 범신론(汎神論)이 확산될 수 있다고 우려했다. 범신론이란 쉽게 말해 신과 우주를 동일시하는 사상 체계를 의미한다.

이러한 비판에도 불구하고, 〈아바타〉는 원초적 신화를 대중적 방식으로 흥행시켰다는 점에서 주목받았다. 영화에 등장한 나비족은 동물이나 식물뿐만 아니라 모든 존재와 소통한다.

일부 전문가들에 따르면, 기독교나 이슬람교처럼 유일신을 강조하는 종교에서 강조해왔던 것과는 매우 다른 담론을 보여준다. 영화 전반에 걸쳐 보여주는 이러한 담론은 궁극적으로는 애니미즘(Animism)과 연결된다고 할 수 있다.

애니미즘이라는 용어는 19세기 후반에 '인류학의 아버지'로 불리는 영국의 인류학자 에드워드 타일러Edward B. Tylor가 처음 사용했다. '영혼'을 의미하는 라틴어 'anima'에서 유래되었다. 타일러는 원시 문화를 통해 인류 문화가 발전해나가는 과정을 밝히고자 했는데, 그는 영적 존재를 믿는 애니미즘으로부터 종교가 유래되고 이것이 종교의 근본 원리로 기능했다고 주장했다. 나아가 인간뿐만 아니라 동물과 자연에도 영혼이 깃들어 있다는 사실을 인정했다.

결국 애니미즘은 초자연적 존재를 숭배하는 일종의 신앙을 가리킨다. 오랫동안 사람들이 초자연적 존재로 믿은 '귀신'도 들 수 있다. 『한 국민족문화대백과사전』의 정의에 따르면, 귀신은 "초인간적 또는 초자연적 능력의 발휘 주체로 여겨지는 신"을 뜻한다. 다시 말해, 죽은 사람의 영혼이나 동식물 등에 의존하고 있는 영적 존재로서 초자연적인 힘을 가지고 있다고 숭배되는 민간신앙의 대상이다.

우리나라 민간신앙에서는 사람이 죽으면 그 영혼이 크게 세 가지로 구분된다고 믿었다. 바로 혼(魂), 귀(鬼), 백(魄)이다. 정신적인 영靈을 의미하는 혼은 하늘로 올라가고, 육체적인 영靈을 뜻하는 백은 땅에 귀화한다. 귀는 공중에 존재한다.

오랫동안 사람들은 선하게 살면 죽고 나서 신이 되지만 그렇지 않으면 귀신이 된다고 믿었다. 신은 인간에게 도움을 주는 존재이나, 귀신은 인간에게 해를 끼치는 존재로 간주되었다. 그래서 귀신을 숭배하는 의식이 발전하기 시작한 것이다.

귀신 가운데 '병 귀신'이 있다. 쉽게 말해 병을 불러일으키는 귀신이다. 우리나라에서 유행한 대표적인 병 귀신은 홍역귀다. 홍역귀는 홍역을 의인화시켜서 만든 귀신으로 조선 시대에는 원귀가 홍역에 붙어 홍역귀로 변하고 사람들에게 피해를 준다고 믿었다. 소빙기에 전국적으로 널리 확산된 홍역은 조선 시대에 가장 치명적인 전염병 가운데 하나였다.

하지만 이 시기에는 홍역의 발생 원인에 관해 잘 알지 못했다. 조선 후기 실학자 이익李瀷은 30권 30책으로 구성된 『성호사설星湖僿說』을 집필했다. 이 책은 우리나라의 정치·경제·사회·문화·지리·풍속·사상·역사·서학 등에 관해 쓴 글과 제자의 질문에 답한 내용을 정리한 백과사전식 전서다.

이익은『성호사설』에서 "무릇 역질 따위에는 모두 귀신이 있어 여역癘疫 · 두역痘疫 · 진역疹疫의 모든 귀신들이 무엇을 아는 듯이 서로 전염시키고 있다"라고 서술했다. 진역은 홍역을 의미하는데, 이익은 홍역이 귀신 때문에 발생하는 전염병이라고 생각했다.

홍역이 귀신 때문에 발생한다는 생각은 비단 양반들 사이에서만 만연했던 것은 아니다. 왕실 역시 마찬가지였다. 「정조실록」 21권 4월 10일에는 다음과 같은 기록이 등장한다.

時疹痘熾行。教曰: "疹痘禳祭, 雖無已例, 先令該曹, 略倣乙未事目, 厲祭 一兩日內, 卜日受香。雖非節祭, 先告城隍, 自是應行之典。雖非節祭, 先告城 隍, 自是應行之典。發告祭設行, 仍設厲祭於各部中央處。外邑, 一體設祭。 이때 진두(疹痘)가 매우 심하게 유행하였다. 하교하기를, '홍역을 비는 제사는 비록 과거의 사례가 없으나, 먼저 해조로 하여금 대략 을미년의 사목을 모방하여 여제(厲祭)를 지내기 하루 이틀 전에 날을 가려 향(香) 을 받게 하라. 비록 절제(節祭)가 아니라도 먼저 성황(城隍)에 고하는 것 은 본래 응당 행해야 할 법이니, 발고제(發告祭)를 지내고 나서 각부(各 部)의 중앙에서 여제를 지내되, 지방 고을에도 일체로 제사를 지내도록 하라.' 하였다.

여기서 진두는 홍역을 의미한다. 홍역이 발생하면 왕실에서도 귀신에게 지내는 제사인 여제厲祭를 행했음을 알 수 있다.

우리나라에서 언제부터 홍역이 치명적인 유행성 전염병으로 확산되었는지는 명확하지 않다. 조선 중기 학자 이수광李晬光은 우리나라 최초의 백과사전적 저술인 『지봉유설芝峰類說』을 편찬했다. 이 저서에서 그는 세 차례에 걸친 중국 사신의 경험을 토대로 여러 나라를 소개함으로써 우리나라 사람들의 세계관을 새롭게 하는데 이바지했다. 흥미롭게도 이수광은 『지봉유설』에서 홍역에 관해 다음과 같이 언급했다.

> 마진이라는 병이 옛날에도 있었으나, 광해군 5년(1613)에 당두역(唐痘疫)이란 것이 유행했는데, 일명(一名)은 홍진(紅疹)이고, 세속에서는 홍역(紅疫)이라 한다. 크게 유행되기는 현종 9년(1668)부터였다… 이를 이어 경신년(1680)·임신년(1692)을 거치면서 일기(一紀)를 그 기간으로 하여 한 차례씩 크게 유행되었는데, 그 기간이 끝나는 동안에는 전혀 유행되지 않았으므로, 사람들이 이 병은 꼭 신년(申年)에만 발생한다고 했다.

이를 통해 홍역이 소빙기와 경신 대기근 기간에 나타나기 시작해 이후 치명적인 영향을 미쳤음을 알 수 있다.

우리말 속담에 '홍역은 평생에 안 걸리면 무덤에서라도 앓는다'라는 속담이 있다. 당시 홍역은 계층이나 계급을 막론하고, 모든 사람이 걸리는 유행성 전염병이었다. 특히 어린아이에게 치명적인 영향을 미쳤다.

소빙기 이후 유행하게 된 홍역이 급속하게 확산되자 18세기 말이 되면 귀신 때문에 발생한다는 믿음을 넘어 홍역을 체계적으로 치료하려는 시도가 나타나기 시작했다.

2. 『마진방』과 『마과회통』

무속으로 질병을 고치는 것에 반대한 사람이 있었다. 그는 고대로부터 전해오는 민간 의학과 의술을 취합해 자신만의 독특한 진단법을 만들었다. 춘추시대 진국 옆에 있던 괵국(虢國)의 태자가 병에 걸려 거의 죽을 뻔한 것을 그가 치료해 살려냈다. 이후 그는 사람의 얼굴빛과 소리만 듣고도 병을 진단할 정도로 신통하다고 해서 신의(神醫)로 받들어졌다. 이 사람은 편작(扁鵲)이다.

중국 역사 속에는 편작에 비견할 수 있는 또 다른 의사가 있다. 바로 화타(華佗)다. 원래는 부(尃)라는 이름이 있었지만, '선생'이라는 뜻의 존칭인 화타를 붙여 부른 것이 지금까지 이름처럼 알려졌다. 화타는 약

■ 화타와 관우
소설 『삼국지』에 등장하는 한 장면이다. 역사상 최고의 명의로 알려진 화타가 독화살을 맞은 관우를 치료하고 있다.

물 처방뿐만 아니라 '최초의 외과의사'로 불릴 정도로 외과 수술에도 정통했다. 마비산이라는 마취제를 만들어 사용하기도 했는데, 오늘날 의사들은 마비산이 대마였을 것으로 추정한다. 독화살을 맞은 관우가 마취도 하지 않은 상태에서 바둑을 두면서 수술을 받았다는 이야기는 우리에게도 잘 알려져 있다.

이처럼 질병을 잘 고치는 것으로 이름난 의사를 명의(名醫)라고 부른다. 중국에서는 편작이나 화타가 대표적인 명의였고, 유럽에서는 히포크라테스Hippocrates나 갈레노스Claudios Galenos가 명의였다. 물론 우리나라에도 명의가 있다. 조선 시대의 가장 대표적인 명의로는 『동의보감』의 저자인 허준許浚을 들 수 있다. 허준만큼 잘 알려지지는 않았지만 18세기 때 명의로는 이헌길李獻吉도 있다.

조선 시대에 의원이 될 수 있는 신분은 중인이었다. 이 시기의 신분 제도는 법적으로는 양인과 천인으로 구분되어 있었지만, 양인은 다시 양반과 중인, 상민으로 나뉘어 있었다. 따라서 실제로 조선 사회를 구성하는 신분은 크게 네 범주라고 할 수 있다. 각각의 신분에 따라 역할은 전혀 달랐고 신분 사이의 벽도 매우 높았다. 원래 양반은 문반과 무반을 통칭해서 부르는 용어였지만, 신분을 지칭하는 명칭으로 변화하기 시작했다. 조선 시대에 특권을 누리는 최고 지배 계층이었다. 대를 거듭해 자신의 신분을 유지하고 관리로 진출했다.

중인은 양반 아래에서 행정 실무를 담당하던 하층 지배 계층을 의미한다. 법적으로는 교육을 받고 관리가 될 수 있지만 현실적으로는 매우 어려웠다. 그래서 중인 가운데 일부는 역관이나 의원이 되기를 원했다. 이 직업이 신분 상승하기에 가장 좋았기 때문이다. 당시 중국어를 구사할 줄 아는 일부 역관들은 중국과의 무역을 통해 부를 축적하기도 했다.

이헌길은 조선 제2대 왕인 정종定宗의 후손이었다. 원래는 과거 시험을 보려 했지만, 우연히 『두진방痘疹方』이라는 저서를 읽게 되었다. 이는 천연두나 홍역처럼 몸에 열이 발생하고 부스럼이 나는 병을 치료하는 방법을 기록한 책이다. 하지만 전염병에 관심을 가지고 있던 그는 이 책에서 많은 한계점을 발견했다.

이후 이헌길은 여러 의학 서적을 탐독하기 시작했다. 그러면서 의학 서적이 단순히 잡학서가 아니라 질병을 치료함으로써 생명의 근원을 밝히는 책이라는 사실을 깨닫게 되었다. 때로는 약제로 직접 실험을 하기도 했다. 하지만 이러한 그의 행동을 두고 사람들이 비난했다. 의학 서적을 읽거나 약제 실험을 하는 것은 양반이 할 일이 아니라고 생각했던 것이다. 사람들의 수군거림과 비난에도 굴하지 않고 이헌길은 전염병 치료에 더욱 몰두했다.

영조 51년인 1775년에 한양에서 홍역이 발생했다. 수레에 실려 나오는 관과 시신을 본 이헌길은 자신의 의학 지식으로 홍역 환자들을 치료하기 시작했다. 당시 그가 내린 처방은 승마갈근탕이었다. 칡의 말린 뿌리인 갈근과 백작약, 감초, 생강 등을 섞은 것으로 춥고 열이 나고 콧물이 흐르고 기침할 때 처방하는 방법이었다. 특히 홍역에 걸린 사람이 발진이 잘 돋지 않을 때 사용하면 효과가 좋았다. 이헌길의 처방과 치료로 많은 환자의 홍역 증세가 완화되었다.

홍역 치료와 처방 경험을 바탕으로 이헌길은 책을 편찬했다. 바로 『마진방麻疹方』이다. 이를 위해 그는 『향약집성방鄕藥集成方』이나 『동의보감』 등 여러 서적을 참고하기도 했다. 『향약집성방』은 세종 15년인 1433년에 간행된 의학서다. 임상치료 편과 한약학 편으로 구성되어 있는데, 임상치료 편에서는 959개 병증의 원인과 증상을 설명하고 있다. 그리고 1만 개 이상의 치료 처방 및 민간요법에 관해 서술했다.

특히 우리나라에서 나는 약초를 기본으로 하고 민간에서 부르는 이름까지 썼기 때문에 누구나 쉽게 약초를 이용할 수 있었다. 다시 말해, 우리나라 실정과 체질에 맞는 치료 방법을 모색함으로써 한의학을 발전시키고자 편찬한 저서라고 할 수 있다.

이헌길의 『마진방』은 자신만의 치료 방법과 처방법을 토대로 홍역을 다루었다. 이 저서에서 무엇보다 중요한 점은 홍역의 진행 경과를 구별했다는 것이다. 그는 홍역을 시통(始痛), 발반(發斑), 중출(重出), 여증(餘症)이라는 네 단계로 구분했다.

시통은 열이 나고 머리가 아프고 눈이 빨개지고 기침이 나는 단계를 말한다. 발반은 발진이 나기 시작해 온몸으로 확산되는 단계다. 중출은 발진이 나타난 지 3일 후부터 나타난 순서대로 서서히 없어지면서 회복되는 시기를 가리키고, 여증은 홍역을 앓고 난 다음 발생하는 합병증과 관련 있다. 18세기 중반에 『마진방』은 조선 사회에 유행한 홍역을 치료하는 데 상당한 도움을 주었다.

18세기 실학사상을 집대성한 최고의 실학자는 개혁과 개방을 통한 부국강병(富國強兵)을 주장했다. 이를 위해 무엇보다도 자신이 살고 있는 사회의 문제점을 정확히 파악하고 개혁 방안을 제시해야 한다고 생각했다. 1801년에 발생한 대규모 천주교 박해였던 신유박해(辛酉迫害)로 귀양살이를 시작해 무려 18년 동안 귀양살이를 했다. 오랜 기간의 귀양살이는 좌절과 더불어 학문적 성찰의 토대를 제공해주었다. 이 시기에 활발한 저술을 통해 수많은 저서를 편찬했다. 그는 바로 정약용丁若鏞이다.

정약용의 문집 가운데 『정다산전서丁茶山全書』는 내용에 따라 7집으로 분류된다. 1집은 시문집詩文集이고, 2집은 경집經集이며, 3집은 예집禮集이다. 4집은 악집樂集이고, 5집은 정법집政法集이고, 6집은 지리집地理集이며, 마지막 7집은 의학집醫學集이다. 17권에서는 이헌길의 생애를 다룬 『몽수전夢叟傳』을 실었다. 어렸을 때 홍역에 걸린 정약용이 이헌길의 치료 덕분에 목숨을 부지했기 때문이다.

정약용에게 홍역은 떼어낼 수 없는 유행성 전염병이었다. 어렸을

■ **다산 정약용**

정약용은 의서인 『마과회통』에서 당시 유행성 전염병인 홍역을 집중적으로 다루었다.

때 걸린 홍역 때문에 눈썹에 흉터가 생기면서 눈썹이 세 개라는 뜻의 '삼미(三眉)'라는 별명을 얻기도 했다. 그에게는 아홉 명의 자녀 가운데 여섯 명이 질병으로 먼저 세상을 떠났는데, 그중에는 홍역으로 죽은 자녀도 있었다. 그가 여러 질병 가운데 유독 홍역에 관심을 가지는 것은 어쩌면 당연한 일이다.

1798년에 정약용이 저술한 저서는 『마과회통麻科會通』이다. 그는 이 책 서문에서 다음과 같이 서술했다.

近世有李蒙叟, 其人志卓犖不成名, 欲活人不能, 取麻疹書, 獨自探賾, 活

嬰稚以萬數, 而不俟其一也。不俟旣緣李蒙叟得活, 意欲酬, 無可爲。乃
取蒙叟書, 溯其源, 探其本, 得中國疹書數十種, 上下紬繹, 具詳條例。顧
其書, 皆散漫雜出, 不便考檢, 而痲爲病, 酷迅暴烈, 爭時急以判性命, 非如
他病可歲月謀也。於是支分類萃, 眉列掌示, 使病家開卷得方, 不煩搜索,
凡五易藁而書始成。

근세에 이몽수(李蒙叟)라는 사람이 있었다. 이분은 뜻이 높았지만 명성
을 이루지 못하고, 사람을 살리고 싶었지만 할 수가 없었다. 이에 마진
의 치료법에 대한 책을 얻어서 홀로 깊이 탐구하여 살린 아이들이 거의
만 명이나 되니, 나도 그중 한 사람이다. 내가 이몽수 덕분에 살아났기
에 그의 은혜를 갚고 싶은 마음이 있었지만 별다른 방법이 없었다. 이에
이몽수의 책을 가져다가 그 근원을 거슬러 올라가고 그 근본을 탐구하
였으며, 중국의 마진 관련 서적 수십 종을 얻어 위아래로 연구하여 조례
(條例)를 자세히 구비하였다. 다만 이 책들은 내용이 모두 산만하고 뒤
섞여서 고증하여 보기에 불편하다. 또 마진이란 병은 전염이 매우 빠르
고 혹독해서 목숨이 경각에 달려 있으니 일 년이나 몇 달을 두고 치료하
는 다른 병과는 다르다. 이에 잘게 나누고 종류별로 모아서 눈썹처럼 정
연하고 손바닥을 보여주듯 알기 쉽게 하여, 이 병에 든 자들이 책을 펴
보아 처방을 얻어서 번거롭게 찾을 필요가 없게 하였다. 모두 다섯 차례
나 원고를 바꾼 뒤에 책이 비로소 이루어졌다. 아, 몽수가 만일 아직까
지 살아있다면 아마도 빙그레 웃으며 흡족해했을 것이다.

정약용은 다른 전염병보다 홍역이 유독 심하고 치료하기도 어렵다
고 강조했다. 그러면서 홍역을 한밤중의 등잔대에 비유했다. 밤중에

는 꼭 필요하지만 날이 밝아 아침이 되면 등잔대의 필요성을 잊어버리는 것처럼 말이다. 더욱이 전염병은 전쟁과 달리 미리 대비하거나 심각한 것으로 생각하지 않는 당시 상황에 한탄했다. 그래서 자신이 『마과회통』을 저술하는 이유를 분명히 밝히고 있다.

『마과회통』은 7편 6책으로 구성되어 있다. 기존에 출간된 우리나라의 여러 서적과 다른 나라의 서적을 참고해 집필했다. 정약용은 제1편에서는 천연두나 홍역 등 두드러기나 반점이 나타나는 병증과 관련해 그 원인과 치료법을 설명했다. 그리고 이헌길과 마찬가지로 홍역을 네 단계로 구분했다. 그가 구분한 단계는 발열기, 발진기, 발진 소퇴기, 여독기다. 이렇게 네 단계로 구분하고 각 단계에 따른 증상을 상세히 기록했다.

이와 더불어 제2편에서는 홍역에 걸렸을 때 발생할 수 있는 합병증을 서술했다. 제3편에서는 발진에 관한 전체적인 내용과 세부적인 진단 방법을 기록했고, 제5편에서는 『동의보감』이나 『마진방』에서 다루는 홍역의 내용과 여러 지역에서 활용하고 있는 홍역 관련 저서들의 잘못된 점을 비판하면서 새로운 처방을 제시했다.

제6편에서는 다른 나라의 홍역 치료 방법을 설명하면서 자신의 견해를 내세웠다. 흥미로운 점은 부록인 「종두방서種痘方書」에서 홍역과 구별하기 힘든 천연두와 천연두를 예방하는 방법으로 종두법에 관해 설명했다는 것이다.

18세기 말 조선에서 홍역과 같은 유행성 전염병이 발생하면 대처할 수 있는 방법은 거의 없었다.

대부분의 사람들은 무속신앙에 의존했고 조선 정부도 크게 다르지 않았다. 정약용이 학문에 몰두한 여러 이유 중 하나는 부국강병이었고, 그 근본은 민본주의였다. 백성의 입장을 가장 먼저 이해하고 고려함으로써 국가의 문제를 해결하고자 했던 그의 철학 사상은 전염병 문제에서도 마찬가지였다. 홍역과 관련된 기념비적 저술은 바로 이렇게 탄생하게 되었다.

3. 콜럼버스의 교환과 홍역, 아프리카 노예

2016년 9월 27일, WHO는 놀라운 선언을 발표했다. 캐나다에서 페루에 이르기까지 아메리카대륙에서 홍역이 소멸되었다는 것이다. WHO 아메리카 지역 담당 이사이자 범아메리카건강기구Pan American Health Organization 사무국장 카리사 F. 에티엔느Carissa Etienne는 "이 지역과 세계에 역사적인 날"이라고 덧붙였다. 1994년에 아메리카의 여러 국가에서 홍역 백신 접종을 시작한 지 22년만의 일이다.

한 가지 확실하게 언급해야 할 사항은 홍역이 소멸되었다고 해서 아메리카가 더 이상 홍역이 발생하지 않는 지역이라는 말이 아니다. 이미 2019년 우리나라에서는 유례없이 홍역 환자가 급증했는데 미국도 마찬가지였다. 워싱턴주에서만 35명의 홍역 환자가 발생했다. 2018년에는 349명의 환자가 발생하기도 했다. 이는 아메리카가 아닌 외부에서 발생한 바이러스 때문에 급속하게 확산된 것이었다. 따라서 홍역의 소멸이란 한 국가나 지역에서 자생적인 전염 사례가 없다는 것을 의미한다.

우리나라처럼 아메리카에서도 홍역은 치명적인 전염병이었다. 한 가지 흥미로운 점은 15세기 이전에 이 전염병이 아메리카에는 존재하지 않았다는 사실이다. 그렇다면 아메리카에서 홍역은 어떻게 발생하게 된 것일까? 이는 유럽인들의 항해와 밀접한 관련이 있다. 1492년 8월 3일, 이탈리아 탐험가 크리스토퍼 콜럼버스Christopher Columbus는 세비야의 팔로스항을 떠나 인도로 향하는 항해를 시작했다. 항해의 가장 중요한 목적은 인도의 금과 은, 향신료였다.

하지만 1492년 10월 12일에 콜럼버스가 도착한 곳은 인도가 아닌 오늘날 바하마제도 과나하니섬이었다. 그는 이 지역에 '산살바도르'라는 이름을 붙였다. 이후 쿠바나 아이티에 도착해 이곳을 인도라고 생각했고, 거기서 만난 원주민을 '인디언'이라고 불렀다. 따라서 아메리카 원주민을 인디언이라고 부르는 것은 명백한 역사적 오류다. 이 항해에서 그는 아메리카의 금을 가져가면서 유럽에서 엄청난 반향을 불러일으켰다.

콜럼버스는 총 네 차례에 걸쳐 항해 길에 올랐다. 그가 가져간 금 때문에 두 번째 항해에 참여한 사람들은 금을 캐러 가는 사람들이 대부분이었다. 이를 위해 콜럼버스는 아메리카 원주민에게 공납과 부역을 강요했다. 금 산출량이 적으면 원주민의 사족을 잘라버렸다. 더욱이 수많은 아메리카 원주민을 유럽에 노예로 팔아 자신의 이득을 챙기기도 했다. 일부 역사학자들은 이를 '홀로코스트'라고도 부른다.

콜럼버스가 도착하기 전 이 지역의 원주민 인구수는 약 30만 명 정도였을 것으로 추정된다. 하지만 2년 후 10만 명이 사망해 결국 남은 원주민 수는 몇 백 명이 채 되지 않았다. 도대체 무엇 때문에 아메리카 원주민의 수가 급감한 것일까? 의학 용어에 '처녀지 유행'이 있다. 집단적 면역성이 길러질 기회가 없는 사람들 사이에서 치명적인 전염병이 발생하면 면역력이 없는 사람들의 사망률만 높아지는 현상을 말한다. 콜럼버스가 도착한 이후 아메리카에서 발생한 현상이 바로 '처녀지 유행'이다.

미국의 저명한 역사학자 앨프리드 W. 크로스비Alfred W. Crosby는 1960년대 후반 '콜럼버스의 교환Columbian Exchange'이라는 개념을 제시했다. 콜럼버스가 아메리카로 항해한 이후 아프로-유라시아와 아메리카 사이에서 나타난 생태학적 변화를 가리키는 용어다. 여기에는 의도적인 동물이나 식물의 교환이 포함되어 있다.

예를 들어, 아메리카에서 재배되던 감자나 옥수수가 아프로-유라시아로 전파된 것이나 아프로-유라시아의 말이나 커피, 올리브 등이 아메리카로 이동한 것이다. 뿐만 아니라 의도하지 않았던 전염병의 교환도 포함된다. 아프로-유라시아의 치명적인 전염병인 천연두와 홍역이 아메리카로 이동하면서 수많은 아메리카 원주민이 사망했다.

콜럼버스가 두 번째 항해 때 유럽에서 가져간 것 중 하나는 사탕수수였다. 원래 사탕수수는 뉴기니에서 자생하던 식물로 기원전 8000년경 인도로 전파된 것으로 알려져 있다. 기원전 4세기경 인도의 산스크리트어 경전 『마하파샤』에는 설탕과 우유를 섞은 음료에 관한 기록이 있는데, 이는 설탕과 관련된 최초의 기록으로 보인다. 설탕이 유럽에 처음 전해진 것은 기원전 1세기경 로마 시대로 추정되고, 711년을 계기로 더욱 널리 확산되었다.

711년 4월 27일, 이슬람 군대가 이베리아반도를 침략했다. 이 지역을 지배하고 있던 것은 서고트 왕국이었다. 서고트 왕국은 게르만족이 설립한 국가로 에우리크Eurico 왕 시기에 오늘날 스페인 영토의 대부분을 정복했다.

여러 학자에 따르면, 당시 정치적 내분이 발생한 서고트 왕국에서 우마이야 왕조가 지배하는 이슬람 제국에 도움을 요청했기 때문에 이들은 이베리아반도로 이동했다. 약 1만 5,000명의 이슬람 군대는 스페인 영토의 75퍼센트 이상을 차지했다. 그리고 780년 동안 이 지역을 지배했다.

이슬람 제국의 스페인 점령 이후 설탕이 유럽의 여러 지역으로 전파된 것이다. 당시 설탕은 주로 의약품으로 사용되었다. 11세기 이슬람의 저명한 의사 이븐시나Ibn Sina는 설탕을 만병통치약이라 생각했고, 13세기 신학자 토마스 아퀴나스Thomas Aquinas는 설탕이야말로 소화를 촉진시키는 약품이라고 주장했다. 설탕은 향신료로도 사용되었다.

이 시기에 설탕은 상당히 비싼 상품이었다. 유럽의 여러 지역에서 설탕은 왕이나 귀족의 부와 신분을 과시하는 상징물로 부상했다. 엘리자베스 1세 시대에는 설탕을 이용해 만든 공예품으로 장식한 케이크가 연회의 중심에 자리 잡기 시작해 이후에는 다양한 설탕 공예가 등장했다. 엘리자베스 1세가 설탕을 너무 먹어서 치아가 전부 썩어버렸다는 이야기는 매우 유명하다.

콜럼버스를 비롯한 많은 항해자의 목적은 인도나 동남아시아에서 설탕과 후추 등의 향신료를 가져오는 것이었다. 다시 말해, 부의 축적이었다. 콜럼버스는 자신이 인도라고 믿었던 곳에서 금이나 은이 생각보다 많이 산출되지 않자 이 지역을 유럽의 식민지로 만들기로 했다. 올리브나 밀, 포도 등 유럽인들이 주식으로 삼는 작물과 동물을 이곳에 가져갔다. 그중 유난히 잘 자라는 식물이 바로 사탕수수였다.

사탕수수는 외떡잎식물 벼목 화본과에 속하는 여러해살이 풀이다. 재배 조건을 살펴보면, 연평균 기온이 섭씨 20도 이상 되어야 하고 강수량도 연간 1,500밀리리터 이상 유지해야 한다. 따라서 열대나 아열대 지방에서 주로 재배된다. 콜럼버스가 도착한 카리브 연안은 이러한 조건을 충족시키는 곳이었다.

따라서 그가 두 번째 항해 때 가져갔던 사탕수수는 이 지역에서 매우 잘 자라기 시작했다. 다 자란 사탕수수는 높이가 무려 6미터에 달하고 20~30개 정도의 마디가 있다. 줄기에는 설탕의 주요 성분인 자당이 들어 있기 때문에 설탕을 만들 때는 바로 이 줄기 부분을 활용한다.

카리브 연안을 비롯해 중남아메리카에서는 플랜테이션이라는 새로운 형태의 농업이 나타났다. 대규모 상업 농장을 의미하는 플랜테이션에서는 아무 작물이나 재배하는 것이 아니라 환금 작물(cash crop)을 주로 재배한다. 환금 작물이란 판매하기 위해 재배되는 작물로 담배나 인삼 등이 대표적이다. 그러므로 플랜테이션은 열대 및 아열대 지역에서 유럽인이 가진 자본력과 원주민의 토지 및 노동력이 결합되어 이루어지는 농업의 형태를 뜻한다. 15세기 이후 유럽인들이 중남

아메리카에서 플랜테이션 농업을 통해 재배한 작물은 사탕수수였다.

그런데 이들은 커다란 문제에 직면했다. 노동력이 부족했던 것이다. 15세기 말에 콜럼버스 이후 유럽인들이 아메리카로 이주하면서 '콜럼버스의 교환'이 이루어졌고, 이 과정에서 의도치 않던 아프로-유라시아의 전염병도 함께 이동했다. 천연두나 홍역은 아프로-유라시아에서도 치명적인 영향을 미쳤지만, 아메리카 원주민들에게도 끔찍한 결과를 초래했다.

15세기 이전에 한 번도 이런 전염병을 경험한 적이 없던 이들에게는 그야말로 대재앙이었다. 역사학자들에 따르면, 콜럼버스가 아메리카에 도착한 이후 1세기가 채 되지 않아 아메리카 원주민은 90퍼센트 이상 감소했다.

사탕수수 플랜테이션 농장 덕분에 유럽에서는 설탕 수요가 급증했다. 결국 아메리카 원주민을 대체할 새로운 대안이 필요했다. 결국 유럽인들은 황금해안으로 눈을 돌렸다. 황금해안은 아프리카 서부 해안을 가리킨다. 이 지역에서 황금이 교역되면서 유럽에는 일명 '황금해안'으로 알려지기 시작했다.

이곳의 대표적인 황금 생산지는 가나 제국이었다. 8세기경 이슬람 저서에는 모로코에서 사하라사막을 지나면 황금의 나라라고 불리는 가나가 있다고 기록되어 있다. 10세기 후반의 기록에는 사하라사막을 횡단하는 무역에서 가나의 황금이 상당 부분을 차지한다고 되어 있다.

황금해안에서 가장 유명한 곳은 말리제국이었다. 말리제국은 13세기부터 17세기까지 존재한 제국으로 모로코 여행가 이븐바투타[Ibn Battuta]의 『여행기』*A Masterpiece to Those Who Contemplate the Wonders of Cities and the Marvels of*

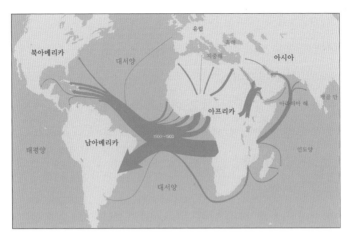

■ **아프리카 원주민의 강제 이주**
황금해안에서 아메리카로 강제 이주한 아프리카 원주민의 수와 화살표 굵기는 서로 비례한다. 아프리카 원주민이 가장 많이 이동한 지역은 오늘날 브라질의 사탕수수 플랜테이션이다.

Travelling』에서는 말리제국의 도시들마다 황금이 가득하다고 서술되어 있다.

이븐바투타가 여행할 당시 말리제국을 지배한 왕은 만사 무사Mansa Musa였고, 당시의 말리제국은 서아프리카에서 가장 강대한 제국이었다.

만사 무사는 막대한 부로 유명했다. 그는 자신의 이슬람교 신앙심을 과시하기 위해 아라비아의 메카까지 성지 순례를 떠났다. 성지 순례에 동행한 무사는 무려 6만 명에 달했고, 1인당 1.8킬로그램에 달하는 금을 가지고 있었다. 그리고 80마리의 낙타에 한 마리당 100킬로그램의 사금을 실었다. 그는 마주치는 가난한 사람들에게 금을 뿌려댔고, '세상에서 가장 부유한 사람'이라는 별명을 얻었다.

이렇듯 아프리카 서부 해안 지역은 엄청난 황금 매장량 때문에 황금해안이라는 별명을 얻게 되었다. 더불어 또 다른 이유로 막대한 이익을 창출했다. 아프리카 원주민 노예무역이었다.

홍역으로 아메리카 원주민이 대부분 멸절해 중남아메리카에 설립한 사탕수수 플랜테이션에서 일할 노동력이 부족해지자 유럽인은 새로운 노동력을 확보해야만 했다. 결국 아프리카 서부 해안 지역의 원주민을 납치해서 강제로 아메리카에 노예로 데려왔다. 이러한 방식은 이내 카리브 연안의 여러 지역으로 확산되었고, 수만 명의 아프리카 원주민이 고향을 떠나 이곳으로 끌려와야만 했다.

16세기부터 19세기까지 유럽과 아메리카, 아프리카를 연결하는 무역이 성행했다. 역사학자들은 이를 '대서양 삼각무역'이라고 부른다. 아프리카 서부 해안에서 강제로 끌려온 노예가 아메리카의 사탕수수 플랜테이션에서 설탕이나 담배, 면화 등을 생산하면 이 생산물은 유럽으로 이동한다.

유럽에서 이를 가공한 상품이 다시 아프리카로 이동하는데, 당시 아프리카로 이동한 대표적인 상품 가운데 하나는 럼주였다. 럼주는 사탕수수로 설탕을 만들고 난 찌꺼기로 만든 술이다. 결국 이 럼주를 얻기 위해 일부 아프리카 원주민은 자신의 동족을 노예 상인에게 팔아넘겼다. 홍역이 빚어낸 동족 간 끔찍한 비극이 아닐 수 없다.

4. 에드몬스톤 균주와 백신 반대 논란

정지된 수많은 장면을 넘기면서 이를 연결시켜 시청자에게 착시를 발생시키는 기법을 '애니메이션'이라고 한다. 정지된 화면을 프레임 안에서 찍고 조금씩 움직이는 것을 반복하면 마치 화면이 움직이는 것처럼 보인다. 이러한 기술은 1900년대 초에 처음 등장해 1930년대에 전성기를 맞았다.

그 중심에는 월트 디즈니Walt Disney가 있었다. 부모는 아일랜드계 이민으로 가난했기 때문에 정규교육을 제대로 받지 못했다. 천재 애니메이터 어브 아이웍스Ub Iwerks를 만나 〈미키 마우스〉를 만들었고, 이후 〈아기 돼지 삼형제〉나 〈백설공주와 일곱 난쟁이〉 등을 제작하면서 흥행에 성공했다. 디즈니는 애니메이션을 움직임을 강조하는 신기한 것에서 캐릭터와 내러티브, 감정을 강조하는 예술로 바꿔놓은 인물이었다.

디즈니는 두 딸을 데리고 놀이공원을 자주 방문했다. 하지만 놀이 공원에는 담배꽁초나 쓰레기가 가득했다. 부모들은 회전목마를 타는 아이들을 기다리며 따분해했다. 이런 장면을 본 디즈니는 부모와 아이가 함께 즐길 수 있는 놀이공원을 만들고자 했다. 기차역과 소방서, 마을 회관, 상점으로 시작해 마을이 만들어졌고, 마을 안팎을 기차와 움직이는 모형으로 채웠다. 우리가 잘 아는 디즈니랜드다.

1955년 7월 17일에 개장한 디즈니랜드는 엄청난 성공을 거두었다. 지금까지 알고 있던 놀이공원에서 벗어나 새로운 엔터테인먼트를 창출했다. 이후 미국인들의 여가 문화에 엄청난 영향을 미쳤고, 미국뿐만 아니라 전 세계 놀이공원의 대명사로 부상했다.

2015년에 디즈니랜드는 미국 사회에서 '뜨거운 감자'로 부상했다. 다름 아닌 홍역 때문이었다. 2014년 크리스마스 때 디즈니랜드를 방문한 사람들 가운데 아홉 명이 홍역에 걸렸다. 이후 홍역은 디즈니랜드가 있는 캘리포니아주뿐만 아니라 워싱턴주와 오리건주, 유타주, 콜롬비아주, 네브래스카주, 그리고 애리조나주까지 급속하게 확산되었다. 홍역 확진 판정을 받은 사람도 150명 이상으로 증가했다. 다른 전염병보다 홍역의 강력한 전염성 때문이었다.

무엇보다도 큰 문제는 초기 환자 아홉 명 가운데 여덟 명이 홍역 백신을 접종받지 않았다는 것이다. 홍역 바이러스는 인간이 유일한 숙주로 주로 호흡기의 비말飛沫에 의해 전염된다. 전염력이 강해 감염된 사람에게 노출되었을 때 90퍼센트 이상이 감염된다. 대부분의 경우에는 특별한 치료법이 없고 안정과 수분 공급을 통해 경과를 지켜본다. 다만, 기침이나 고열이 심한 경우에는 대증요법을 시행한다. 따라서 홍역은 다른 어떤 전염병보다도 예방하는 데 백신 접종이 중요하다.

홍역 백신이 도입되기 전에는 전 세계적으로 약 1억 3,000만 명이 감염된 것으로 추정된다. 백신이 도입되면서 홍역 환자의 수는 현저하게 감소했지만, 여전히 매년 3,000만 명 이상의 어린아이들이 홍역에 걸리는 실정이다. 이들 가운데 약 75만 명이 사망한다. 사망자의 대부분은 아프리카 사하라사막 이남의 어린아이들로 약 50만 명에 달한다. 이와 같은 통계를 기반으로 어린아이들에게 홍역 백신 접종이 얼마나 중요한지 알 수 있다.

소아마비 바이러스를 배양한 미국 세균학자 존 엔더스^{John Franklin Enders}가 그다음으로 관심을 가진 유행성 전염병은 홍역이었다. 1960년대 홍역으로 어린아이의 사망률은 소아마비보다 무려 두 배 이상 높았다. 엔더스는 동료 토머스 피블스^{Thomas C. Peebles}를 매사추세츠주의 한 학교로 보내 학생들의 혈액 샘플을 채취했고, 이로부터 홍역 바이러스를 분리시켰다. 그리고 이를 활용해 1963년에 홍역 백신을 개발했다.

20세기 중반 홍역은 전 세계적으로 유행하는 전염병이었다. 특히 서아프리카에서 치명적이었다. 이 지역에서 홍역에 의한 어린아이의 사망률은 무려 50퍼센트에 달했다. 엔더스가 개발한 홍역 백신은 1960년에 나이지리아에서 접종되기 시작했다. 나이지리아 서부에 위치한 일레샤에서는 약 450명의 어린아이들을 대상으로 홍역 백신을 접종했고, 결과는 성공적이었다.

1962년에는 WHO의 도움으로 뉴욕시에서 약 130명의 어린아이들에게 홍역 백신을 접종했고 결과는 성공적이었다. 이후 약 2,000명의 어린아이들에게 홍역 백신을 접종했다. 홍역 백신은 1회 접종 시 93퍼센트 정도의 효과가 있다. 2회 접종 시에는 97퍼센트 이상의 효과가 있다. 따라서 2회를 접종하는 것이 가장 안전하고 효과를 높일 수 있는 방법이다.

엔더스가 개발한 홍역 백신은 약독화 백신이다. 약독화 백신은 병원균의 독성을 줄이긴 했지만 여전히 살아있는 생백신이다. 그는 당시 매사추세츠주의 학교에서 샘플을 채취한 학생 데이비드 에드몬스턴David Edmonston의 이름을 균주에 붙였다. 인류의 역사 속에서 그의 혈액과 세포 조직은 치명적인 전염병으로부터 수많은 사람의 생명을 구한 아주 중요한 역할을 담당했다.

그런데 에드몬스턴은 성인이 되어 특이한 선택을 했다. 결혼을 하고 낳은 아들에게 홍역 백신을 접종시키지 않은 것이다. 1980년대가 되자 홍역 백신 덕분에 미국 사회에서는 홍역이 급속하게 감소했다. 그래서 자신의 아들에게 홍역 백신 접종이 필요하지 않다고 판단했다. 더욱 놀라운 사실은 그의 부인이 공중 보건 교육자였다는 것이다. 에드몬스턴은 한 인터뷰에서 자신들이 당시 미국 사회에 무성한 백신 안전에 관한 좋지 않은 소문을 무시할 수 없었다고 밝혔다.

사실 백신을 둘러싼 논란은 더욱 가속화되고 있다. 홍역 백신을 둘러싸고 많은 부모들이 안전성에 문제를 제기해왔다. 가장 대표적인 문제는 백신에 중금속과 독성 물질이 포함되어 있다는 것이다. 이와 더불어 홍역 백신을 접종했음에도 불구하고, 홍역에 걸리는 현상을 둘러싸고 백신의 무용지물을 논했다.

그런데 조금만 깊이 생각해보자. 백신 제조 과정에 사용되는 중금속은 대부분 알루미늄이나 수은이다. 백신 반대론자들은 이러한 중금속이 뇌로 전달되어 신경계 질환을 유발하거나 백혈구에 영향을 미쳐 자가 면역 질환을 일으킨다고 주장해왔다.

이에 WHO 백신안전위원회는 "백신 속 알루미늄이나 수은이 신경계 질환을 유발하지 않는다"라고 밝혔다. 미국질병통제센터CDC의 규정에 따르면, 주사제에 들어가는 알루미늄의 양은 1.25밀리그램을 넘으면 안 된다. 보통 백신에 들어 있는 알루미늄의 양은 허용치의 20퍼센트 내외다. 모유나 분유 속 알루미늄 양보다 적다는 결과도 있다. 더욱이 대부분 소변으로 배출된다.

수은도 마찬가지다. 질병을 유발하는 수은은 반감기가 1개월 반인 반면, 백신 속 수은은 반감기가 일주일이어서 체내에 축적되지 않으며 변으로 배출되는 것이 대부분이다. 이러한 연구 결과에 따르면, 백신 내 알루미늄이나 수은 등 중금속은 우리 몸에 거의 영향을 미치지 않는다고 볼 수 있다.

이와 더불어 백신은 특정 질병이나 병원체에 대한 후천성 면역을 부여하는 의약품이다. 다시 말해, 백신을 접종받으면 우리 몸의 면역체계가 활성화되고 발생할 가능성이 있는 병원체에 대처할 수 있다. 백신을 접종한다고 해서 해당 전염병에 걸리지 않는 것이 아니다. 홍역 백신을 접종받으면 홍역에 걸리지 않는 사람도 있고 홍역에 걸리더라도 가볍게 걸리는 사람도 있다. 하지만 백신을 접종받지 않으면 홍역에 걸려 자신과 다른 사람의 목숨을 위태롭게 만든다.

자신은 홍역 백신 개발에 기여했지만 백신의 안전성과 관련된 소문 때문에 아들에게 백신을 접종하지 않았던 에드몬스턴은 자신의 결정을 후회한다고 했다. 그는 국민의 건강과 국가의 공중 보건을 위해 백신 접종이 필요하다고 생각했다. 다시 홍역이 만연하자 에드몬스턴은 개인의 실패한 경험에도 불구하고 백신 접종의 필요성을 다시 한번 강조하게 되었다.

아메리카에서는 소멸된 것으로 선언된 유행성 전염병이지만, 오늘날에도 미국을 비롯해 전 세계적으로 홍역은 계속해서 발생하고 있다. 유행성 홍역이 급속하게 확산되고 치명적인 영향을 미치는 이면에는 백신 접종을 받지 않은 개인의 무관심이 자리 잡고 있다. 홍역은 백신 접종을 통해 충분히 예방할 수 있는 전염병이다. 따라서 무엇보다도 백신 접종이 가장 중요하고 효과적인 방법이라 할 수 있다.

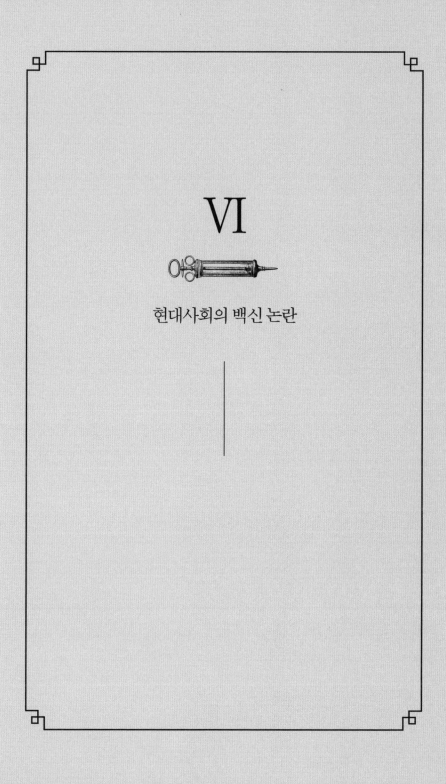

VI

현대사회의 백신 논란

1. MMR 백신과 자폐증 논란

　한 군인이 자살하자 이 소식을 둘러싸고 인터넷에는 '악플'이 가득하다. 가장 신랄하게 '악플'을 남긴 사람을 향해 사람들은 마녀사냥을 시작한다. 결국 '악플러'인 그녀는 시체로 발견된다. 사람들을 자극시키는 방송을 하는 BJ와 경찰 지망생, 그리고 SNS 중독자는 그녀의 죽음과 관련된 누명을 벗기 위해 진범을 추적한다. 독립 영화 〈소셜포비아〉의 내용이다.

　이 영화에서는 자극적인 내용을 방송 소재로 다루려는 욕망과 끔찍한 결과를 통해 소셜 미디어의 파워를 보여주고 있다. 온라인에서는 자신의 정체가 쉽게 드러나지 않기 때문에 범죄가 더 빈번하게 발

■ **모리스 힐먼**
미국의 미생물학자 모리스 힐먼은 인류 역사상 가장 많은 백신을 개발한 인물로 알려졌다.

생하고, 이러한 익명성을 남용하는 사례를 흔히 찾아볼 수 있다. 그래서 〈소셜포비아〉에서는 익명성이라는 가면 뒤에 다른 사람을 신랄하게 비난하고, 자신은 비난받고 싶지 않은 현대인의 자화상을 날카롭게 비판하고 있다.

익명성은 현대사회에서 빈번하게 나타나는 대중화 현상이다. 거대한 사회를 구성하는 일원으로서 개인의 신분이나 이름은 쉽게 타인에게 알려지지 않는다. 그렇기 때문에 개인의 행동에 대한 구속이나 제한은 사라지고 처벌에 대한 두려움 때문에 억제되었던 반사회적 행동을 취할 가능성이 높다. 다시 말해, 집단의 구속력에서 벗어나면 불특정 다수 가운데 한 사람이 되어 개인의 행동을 감추고 그에 대한 책임도 회피하고자 하는 것이다.

익명성은 특히 온라인에서 쉽게 볼 수 있는 특성이다. 오프라인과 달리 온라인에서는 쉽게 자신의 신분을 밝히지 않을 수 있다. 따라서 익명성을 통해 자유롭고 솔직하게 의사를 표현할 수 있다는 순기능도 존재하지만, 〈소셜포비아〉를 비롯한 여러 매체에서 볼 수 있듯이 상대방에 대한 무차별적 공격과 비방이라는 역기능도 분명 존재한다. 이러한 점에서 익명성은 현대사회에 존재하는 '야누스의 얼굴'이다.

익명성은 수많은 사람들을 죽음의 공포로 몰아넣은 유행성 전염병의 역사 속에서도 나타났다. MMR 백신과 관련된 이야기다. 1963년 3월 21일, 미국 미생물학자 모리스 힐먼Maurice Hilleman은 딸이 깨우는 바람에 잠자리에서 일어났다. 딸이 목의 통증을 호소하자 그는 직감적으로 유행성이하선염임을 깨달았다.

흔히 '볼거리'라고 불리는 유행성이하선염流行性耳下腺炎은 유행성이하선염 바이러스Mumps rubulavirus에 의해 발생한다. 감염된 비말이나 타액을 통해 전파되는데, 발열이나 두통, 근육통, 구토 등의 증상을 동반한다. 바이러스가 이하선에 침입해 귀가 밀려나면서 귀를 중심으로 부어오른다. 바이러스성 수막염이 가장 흔한 합병증이다. 드물기는 하지만 영구적인 청각 장애가 발생할 수도 있다. 힐먼은 딸의 목에서 샘플을 채취해 배양했다. 그러고는 유행성이하선염을 예방할 수 있는 백신을 개발했다.

이 백신은 단순히 유행성이하선염만 예방하는 것이 아니었다. 당시 미국뿐만 아니라 전 세계적으로 유행한 홍역과 풍진까지 예방할 수 있는 백신이었다. 여러 가지 살아있는 바이러스 균주를 통합한 최초의 백신인 것이다. 풍진은 풍진 바이러스Rubella virus에 의해 발생하는 전

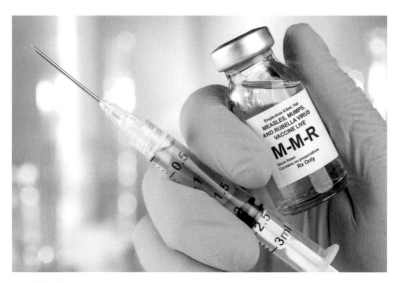

■ **MMR 백신**
하나의 백신으로 홍역과 유행성이하선염, 풍진을 모두 예방할 수 있다.

염병으로 림프절 비대와 통증, 발진이 나타나는 전염력이 높은 감염성
질환이다. 세 가지 질병을 동시에 예방할 수 있는 이 백신은 홍역과 유
행성이하선염, 풍진의 앞 글자를 따서 'MMR 백신'이라고 부른다.

MMR 백신의 1차 접종은 일반적으로 생후 9~15개월의 어린아이에
게 시행한다. 2차 접종은 15개월~6세 사이에 시행한다. 연구 결과에
따르면, 두 차례의 접종 후 홍역은 97퍼센트, 유행성이하선염은 88퍼
센트, 풍진은 97퍼센트 정도 예방되는 것으로 나타났다. 꽤 놀라운 예
방 효과라 할 수 있다. 이후 MMR 백신은 전 세계적으로 널리 사용되
기 시작했다.

2001년 기준으로 100개 이상의 국가에서 MMR 백신을 접종하고 있
다. 풍진의 경우, MMR백신이 개발되기 전까지 매년 26만 명 이상의

사망자가 발생했는데 백신으로 사망자가 급감하기 시작했다. 최근 통계에 따르면, 아프리카의 저소득 국가에서 풍진에 의한 사망자 수는 약 12만 명 정도로 추정된다. 아메리카에서도 풍진 환자의 발생률은 매우 낮다. MMR 백신의 덕을 톡톡히 보고 있는 것이다.

사실 힐먼은 MMR 백신 외에도 40개 이상의 백신을 개발했다. 이른바 '백신 개발의 왕'이라 할만하다. 개발한 백신 중 대표적인 것으로는 A형 간염, B형 간염, 수두, 폐렴 등을 들 수 있다.

2017년 미국 캘리포니아주에 위치한 한 경매 업체는 한 페이지의 원고에 75만 달러의 가격을 매겼다. 우리 돈으로 환산하면 무려 8억 9,000만 원 이상이다. 종이 한 장이 이 정도 가격이라니 다들 놀랄 수밖에 없다. 이 원고는 영국 생물학자 찰스 다윈Charles Darwin이 저술한 『종의 기원On the Origin of Species』 자필 원고의 일부로 알려져 있다. 원고의 맨 아래 부분에는 다윈의 서명까지 있다. 이 원고에는 진화론을 이해하는 데 매우 중요한 '자연선택'이 포함되어 있다고 한다.

자연선택이란 동일한 종의 개체 사이에서 발생하는 생존경쟁 속에서 환경에 적응한 개체가 살아남아 자손을 남기는 것을 말한다. 다윈은 이것이 진화를 이해하는 데 가장 중요한 핵심이라고 생각했다. 인간이 더 많은 생산물을 얻기 위해 주변의 동식물을 길들이고, 이 과정에서 인간에게 유리한 종들을 선택해 품종개량 해왔던 것에 관심을 가졌다. 그리고 이러한 현상이 자연에서도 발생한다고 믿었다.

힐먼의 백신 연구에 바로 다윈의 진화론이 영향을 미쳤다. 생물학에 관심을 가지고 있던 그는 『종의 기원』을 읽게 되었고, 이 책이 종교에 대한 그의 생각에 많은 영향을 미쳤다. 결국 종교를 거부한 그는 바이러스의 진화와 이를 통제하는 방식을 개발하는 연구에 몰두하게 되었다.

하지만 놀라운 사실은 MMR 백신을 비롯해 수많은 백신을 개발했음에도 불구하고, 많은 사람이 그가 백신 개발자라는 사실을 몰랐다는 것이다. 바로 그의 익명성 때문이었다.

AIDS의 원인이 되는 HIV바이러스를 발견한 미국 과학자 로버트 갈로Robert Gallo는 "힐먼이야말로 역사상 가장 성공적인 백신 연구자로 인정받아야 한다"고 주장했다.

힐먼이 백신 개발자라는 사실을 많은 이들이 알지 못했지만, 그의 백신은 여전히 오늘날 활용되고 있다. 대표적인 것이 B형 간염 백신이다. B형 간염은 B형 간염 바이러스에 감염되어 간에 염증이 발생하는 질환이다.

대부분 감염된 임산부를 통해 태아에게 감염되거나 감염된 혈액 또는 성적 접촉을 통해 전파된다. 힐먼은 혈청을 포름알데히드로 처리한 B형 간염 백신을 개발하고 이후 효모로 생산된 백신으로 대체했다. 이 백신도 오늘날까지 사용되고 있다.

그런데 힐먼이 개발한 MMR 백신을 둘러싸고 논란이 발생하고 있다. 부작용 때문이다. 의학자들은 MMR 백신을 제조할 때 첨가하는 젤라틴 때문에 부작용이 발생할 수 있다고 말한다. 대표적인 부작용은 발열이나 발진이다. MMR 백신을 접종받은 어린아이 가운데 10퍼센트 정도에서 발열이나 발진이 발생하고, 3퍼센트 정도는 관절통이 발생한다.

아주 드물게 아나필락시스(anaphylaxis)가 발생한다. 아나필락시스는 항원(Allergen)과 항체(Antibody) 사이에 면역 반응이 원인이 되어 나타나는 급격한 전신 반응을 말한다. 우리 몸에는 항원을 인식해 면역 반응이 일어나면 이 항원을 기억하고 특정 항원에 대한 항체를 만드는데, 이것이 면역 글로불린 E(immunoglobulin E, IgE)이다.

최초에 면역 반응을 일으켰던 항원이 우리 몸에 다시 들어오면, 염증 세포 표면에 붙어 있던 면역 글로불린 E와 결합하면서 다양한 염증 매개 화학물질이 분비된다. 이러한 ㅅ화학물질 때문에 급성 호흡 곤란을 비롯해 혈압 감소나 의식 마비 등 심각한 전신 반응이 발생한다. 아주 짧은 시간 동안 발생할 수 있어서 소량의 항원에 다시 노출되더라도 수분 내에 증상이 발생할 수 있다.

그러나 MMR 백신 접종 때문에 아나필락시스가 발생하는 경우는 거의 없다. 신경학적 장애가 발생하는 경우도 매우 적다. 일부에서는 일본에서 개발된 MMR 백신에 포함된 우라베Urabe 균주의 위험성을 지적한다. 이 균주는 어린아이에게 무균성 뇌수막염을 일으킬 수 있기 때문에 영국을 비롯한 많은 국가에서는 우라베 균주 대신 제릴 린Jeryl Lynn 균주를 사용하도록 했다. 따라서 균주를 교체한 MMR 백신이 신경학적 장애를 유발할 가능성은 현저하게 낮다고 볼 수 있다.

그럼에도 MMR 백신을 둘러싼 논란은 끊이지 않고 있다. 최근 발생한 논란은 'MMR 백신과 자폐증'이다. 1823년 10월 5일 창간호를 발행한 『란셋Lancet』은 전 세계적으로 영향력을 미치는 의학 저널이다. 영국 외과 의사 토머스 웰클리Thomas Wakley가 창간한 이 저널의 이름은 "빛을 향해 열어주는 아치형의 창문이자, 불순물을 솎아내는 날카로운 수술 도구"라는 두 가지 의미를 지니고 있다. '정보를 알리고, 개혁하고, 즐

기자(to inform, to reform, and to entertain)'는 비전 아래 종양학, 신경과, 감염병 등의 분야에 특화된 저널이다.

1999년 9월 11일, 이 저널에 충격적인 논문이 게재되었다. 바로 「MMR 백신과 자폐증MMR vaccination and autism」이라는 제목의 논문이다. 논문 저자인 영국 의사 앤드류 웨이크필드Andrew Wakefield는 자신이 만난 자폐증 환자 여덟 명 가운데 다섯 명이 생후 일주일 이내에 MMR 백신을 맞은 어린아이들이라는 사실을 밝혔다.

자폐증은 다른 사람과의 상호관계가 형성되지 않고 정서적 유대감이 발생하지 않는 아동기 증후군으로 '자신만의 세계에 갇혀 지내는 상태'의 발달 장애다.

사실 자폐증의 원인은 매우 다양하다. 최근에는 생물학적 원인에 주목하고 있는데, 이는 자폐증을 보이는 아이들 사이에서 지적장애 발생 비율이 75퍼센트 이상이고, 경련성 질환도 빈도가 높기 때문이다. 이와 관련해 뇌 크기나 측두엽 이상과 관련된 신경해부학적 원인이나 신경 전달 물질과 관련된 생화학적 원인 등에 관한 연구가 진행되고 있다. 따라서 MMR 백신이 자폐증의 원인이라는 것은 입증하기 아주 어려운 주장이다.

하지만 자폐증의 원인이 명확하게 밝혀지지 않고 별다른 치료법이 없기 때문에 많은 부모가 웨이크필드의 자극적인 주장에 현혹되기 시작했다. 그 결과, 백신에 대해 공포감을 가진 수많은 사람이 백신 반대 운동에 참여했다.

실제로 아일랜드의 경우, 웨이크필드의 주장 이후 MMR 백신을 비롯한 백신 접종률이 급속하게 감소했다. 그래서 백신 덕분에 사라진

■ MMR 백신 접종에 반대한 앤드류 웨이크필드
영국 의사 앤드류 웨이크필드는 MMR 백신 접종 때문에 자폐증이 발생한다고 주장했다.

유행성 전염병이 다시 발생했다. 2000년에 더블린에서는 홍역이 발생해 36명이 사망했다. 1998년의 홍역 발생 건수가 56건이었던 반면, 2008년에는 무려 1,348건으로 급증했다.

조사 결과 흥미로운 사실이 밝혀졌다. 웨이크필드가 자폐증에 걸린 11명의 소년과 1명의 소녀만을 대상으로 연구를 진행했다는 것이다. 『란셋』은 그의 논문을 철회했다. 더욱이 그가 MMR 백신 제조사를 고소하려는 법률 회사로부터 돈을 받은 사실이 뒤늦게 밝혀져 2010년에는 의사 면허를 박탈당하기도 했다. 하지만 웨이크필드의 주장은 여전히 회자되고 있고, 사람들은 지금도 백신 반대 운동에 참여하고 있다.

최근 MMR 백신과 자폐증의 상관관계에 관한 연구가 진행되고 있다. 이러한 연구에서 논란이 되는 지점은 자폐증이 백신 그 자체에 의한 것인지, 아니면 백신에 함유되어 있는 치메로살에 의한 것인지 그 원인을 찾는 것이다. 치메로살은 백신 제조 시 사용되는 방부제인데,

백신 반대 운동을 지지하는 사람들은 치메로살이 자폐증 스펙트럼 장애Autism Spectrum Disorder, ASD를 비롯해 여러 질병을 유발한다고 주장한다.

미국 식품의약국Food and Drug Administration, FDA이나 미국 국립의학연구소Institute of Medicine, IOM 등에서 시행된 연구 결과에 따르면, 치메로살이 ASD에 영향을 미치지 않는 것으로 판명되었다.

MMR 백신을 비롯한 여러 백신의 치메로살 함량을 줄였지만 ASD는 증가하는 경향을 보였기 때문이다. 뿐만 아니라 21세기에 생산된 대부분의 백신은 치메로살이 함유되지 않았다. 이러한 논란을 종식시키기 위해 현재 어린아이에게 사용하는 백신에는 치메로살을 사용하지 않는다.

올해에도 MMR 백신과 자폐증 및 기타 부작용 사이에 별다른 관련이 없다는 연구 결과가 나왔다.

이탈리아에서 1,300만 명의 아이들을 대상으로 MMR 백신 및 수두 백신의 부작용을 살펴보니, 홍역 예방 효과는 95퍼센트, 유행성이하선염은 70~85퍼센트, 풍진은 89퍼센트, 수두는 95퍼센트 이상의 효과를 나타냈다.

120만 명의 어린아이를 대상으로 MMR 백신과 자폐증의 연관성을 살펴본 연구에서도, 백신을 맞은 아이들이나 맞지 않은 아이들 사이에서 자폐증 발생률은 비슷하게 나타났다.

약 100만 명의 아이들을 대상으로 MMR 백신과 당뇨, 아토피, 백혈병 등의 연관성을 조사한 연구에서도 아무런 상관관계가 없었다. 결론적으로 MMR 백신을 비롯한 여러 백신과 질병들 사이에 관련성이 있다는 증거는 없다.

그럼에도 ASD를 비롯해 자폐증이 있는 자녀의 부모 중 상당수는 여전히 MMR 백신이 원인이라고 믿는다. 결국 이들은 다른 자녀에게 MMR 백신을 비롯한 여러 백신을 접종하지 않는다. 최근 조사에 따르면, ASD 증세를 보이는 자녀를 둔 486명의 부모 가운데 20퍼센트 이상이 MMR 백신 접종을 거부한다. 도대체 왜 이들은 수많은 증거와 과학적 연구 결과에도 불구하고 백신을 반대하는 것일까.

2. 백신 반란과 안아키 운동

20세기 초에 브라질에서는 '백신 반란'이 발생했다. 당시 브라질 수도 리우데자네이루는 인구가 계속 증가하고 새로운 건물이 들어서면서 급속하게 발전했다. 하지만 상하수도 시설이나 쓰레기 수거 등과 같은 사회 기반 시설의 수준은 매우 조야했다. 18세기 중반에 산업혁명이 시작된 영국 런던에서처럼 리우데자네이루에서도 열악한 위생 시설 때문에 홍역이나 장티푸스, 천연두 등 유행성 전염병이 발생해 수천 명이 사망했다.

당시 브라질 대통령 로드리게스 아우베스^{Rodrigues Alves}가 이 문제를 해결하기 위해 전권을 위임한 사람은 시장 페레이라 파수스^{Pereira Passos}였다. 그가 도시위생과 공중보건 향상을 위해 추진한 것은 '부팅Bota Abaixo'이라는 광범위한 도시 개혁 프로그램이었다. 이를 위해 오래된 건물이나 주택을 철거하고 고급 주택을 세웠다. 표면적으로는 도시 경관이 개선되고 위생 및 공중보건이 향상된 것처럼 보였지만, 수천 명의 빈곤 계층 및 노동 계층은 살던 지역에서 쫓겨나 다른 지역으로 강제 이주해야만 했다.

이와 더불어 복지부 소속의 오즈와우두 크루즈Oswaldo Cruz 박사는 유행성 전염병을 근절시키기 위해 여러 정책을 시행했다. 황열병을 퇴치하기 위해 위생 서비스를 도입했고, 페스트 확산을 막기 위해 쥐덫을 시민들에게 배포했다. 필수 예방접종 법안도 제안했다. 그는 백신 접종만이 치명적인 유행성 전염병으로부터 리우데자네이루 시민들을 보호할 수 있다고 판단했다.

1904년 10월 31일, 의회는 의무 예방접종법을 승인했다. 하지만 보건 당국과 경찰이 취한 방법은 상당히 강압적이었다. 시민들의 집에 쳐들어가 강제로 백신을 접종했다. 이를 지켜본 리우데자네이루 시민들은 혼란에 빠졌다. 더욱이 백신의 안전성이 논란의 대상이 되자 시민들의 분노와 불안은 더욱 커져만 갔다.

언론에서는 정부의 행동을 신랄하게 비판했다. 백신의 위험성을 지적하는 의견이 제기되기 시작했다. 더불어 백신을 접종하려면 신체의 일부를 노출시켜야 한다는 소문이 확산되면서 보수적인 성향을 지닌 하층계급이 분노했다. 이들은 백신을 접종받으려면 여성이 보건국 직원이나 경찰 앞에서 옷을 벗어야 한다고 생각했다. 점점 더 많은 사람이 백신 접종에 반대하며 의무 예방접종법 폐지를 주장했다.

■ 백신 반란
1904년 브라질에서 발생한 백신 반란을 풍자한 만화다.

　같은 해 11월이 되자 야당은 의무 백신 반대 연합League Against Mandatory Vaccination을 조직했다. 급진적 성향의 정치인뿐만 아니라 군인과 언론인으로 구성된 이 대규모 연합은 조합원을 모집하기 시작했다. 집회 참석자들 가운데 일부는 경찰과 논쟁을 벌이다가 체포되자 폭력을 저질렀다. 백신 반대 운동은 이제 폭력을 수반한 반란으로 확대되었다.

　백신 반란에 가담한 사람들은 폭력성을 명백하게 보여주었다. 상점을 약탈하고 전차를 전복시키고 방화를 저질렀다. 연방 정부의 군대를 공격하기도 했다. 노동 계층과 빈곤 계층으로까지 확대되면서 반란은 더욱 폭력적으로 변했다. 최후의 목표는 대통령이 거주하는 궁전으로 행진해 정권을 교체하는 것이었다. 하지만 이들이 체포되기 전 정부는 의무 예방접종을 중단했다. 결국 반란에 가담한 사람들의 손을 들어준 것이다. 백신 반란으로 30명이 사망하고 100명이 넘는 사람들이 부상을 입었다.

의무 예방접종은 폐지되었지만 후유증은 상당했다. 리우데자네이루에서는 다시 치명적인 천연두가 발생했다. 당시 9,000명이 넘는 사람들이 사망했다. 백신을 제대로 접종하지 않은 결과였다. 백신 반란은 백신 접종과 관련된 브라질 정부의 강압적인 정책의 한계를 보여주는 동시에 백신으로 인한 예방률이 얼마나 대단하지 보여주는 사건이라 할 수 있다.

백신 반란은 비단 브라질에서만 발생한 건 아니다. 주변에서 흔히 볼 수 있는 백신 반란의 형태는 백신 거부다. 예방접종 서비스를 이용할 수 있음에도 불구하고, 자녀에게 유행성 전염병 예방접종을 시키지 않는 것을 의미한다. 2019년에 WHO가 백신 거부를 세계 10대 건강 위협 요소 가운데 하나로 지정할 정도였다. 이 운동은 상당히 광범위해서 백신 예방접종을 거부하는 것뿐만 아니라 백신 접종을 늦추거나, 백신을 접종시키지만 그 효과를 믿지 않거나, 특정 백신만 고집하는 것을 포함한다.

최근에 발생한 백신 논란으로는 흔히 'SB277'로 알려진 캘리포니아 상원 법안 277을 둘러싼 논란을 들 수 있다. 이는 캘리포니아주의 공립 또는 사립 초등학교 및 중등학교와 탁아소에 입학하기 위해 필요한 예방접종 면제 사유에서 개인적인 믿음을 배제하는 법안이다. 2015년에 캘리포니아주 입법부에 의해 제정되었고, 찬성 46표, 반대 31표로 주 의회를 통과했다. 또 찬성 24표, 반대 14표로 캘리포니아주 상원도 통과해 2015년 6월 30일에 주지사가 서명했다.

SB277은 캘리포니아주 상원 의원인 리처드 팬Richard Pan과 벤 앨런Ben Allen이 공동으로 제안했다. SB277의 제안 배경은 바로 2014년에 디즈니랜드에서 발생한 홍역이다. 당시 캘리포니아주의 여러 지역과 일부 학교에서 홍역 예방접종률이 60퍼센트 미만이라는 사실을 확인하고 캘리포니아주에서 홍역을 비롯한 치명적인 유행성 전염병을 예방하기 위해 발의되었다.

디즈니랜드 홍역 때문에 SB277 법안의 반대자 수는 그리 많지 않았다. 하지만 반발은 아주 거셌다. 백신 반대론자들은 팬을 정계에서 퇴출시켜야 한다고 주장하면서 청원을 시작했다. 물론 청원은 필요한 만큼 서명을 확보하지 못한 채 해프닝으로 끝나고 말았다. 이들은 법안이 개인의 종교적 자유 및 부모의 권리를 침해한다고 주장했다. 미국 연방헌법 수정 조항 제1조에 위배된다는 것이다.

연방헌법 수정 조항 제1조는 '자유로운 신앙 행위를 금지하는 법률을 제정할 수 없다'는 내용을 주로 하고 있다. 백신 반대론자들은 백신을 반대하는 개인의 믿음을 특정한 종교적 신념의 연장으로 해석했고, 따라서 개인의 믿음을 제한하는 법률을 제정해서는 안 된다고 주장했다. 하지만 이 주장은 모두 캘리포니아주 법원에서 기각되었다. 결국 SB277 법안 덕분에 캘리포니아주에서는 백신 접종 비율이 증가하기 시작했다.

비슷한 사건은 호주에서도 발생했다. '예방접종 없이는 지급도 없다(No Jab, No Pay)'는 호주의 정책 이니셔티브다. 2018년부터 호주에서는 예방접종을 받지 않은 아이의 부모에게 보육료를 지원하지 않고 예방접종을 받지 않은 어린아이를 입학시킨 탁아소에는 벌금을 부과

한다. 2013년에 시작된 풀뿌리 운동이 확대된 것으로 취지는 백신 접종을 통해 어린아이의 사망을 예방하는 것이다.

그렇다면 왜 사람들은 백신 접종에 반대하는 걸까? 백신 반대 운동에 참여하는 사람들 가운데 일부는 유행성 전염병이 감소하는 것은 백신 덕분이 아니라고 주장한다. 위생이나 공중보건이 개선되면서 이미 전염병은 감소하고 있었다고 말한다. 그러나 이를 뒷받침할 수 있는 과학적 증거는 찾아보기 어렵다. 이들의 주장대로라면, 공중보건이나 위생 수준이 상당히 높은 오늘날 유행성 전염병은 더 이상 발생하지 말아야 한다.

또 다른 사람들은 과거의 경험을 사례로 든다. 과거에 유행성 전염병이 발생하면 그 속에서 살아남은 사람들은 치명적인 전염병에 면역력을 가지게 되었다. 이들은 백신에 의해 형성되는 면역력은 일시적이라고 주장한다. 결코 영구적이지 않다는 것이다. 오히려 영구적인 면역력을 가지려면 백신 접종보다 전염병에 자연스럽게 노출되고, 그 속에서 면역력을 얻어야 한다고 주장한다. 그렇다면 면역력을 얻지 못한 채 사망하는 사람들의 경우는 어떻게 설명해야 할까? 백신 접종을 통해 충분히 예방할 수 있음에도 불구하고 그대로 내버려두어야 한다는 주장은 납득하기 어렵다.

우리나라에서도 백신 반대 운동이 활발한 시기가 있었다. 2013년부터 2017년까지 벌어진 '약 안 쓰고 아이 키우기'이다. 어느 한의사가 개설한 인터넷 카페를 중심으로 일어난 운동인데, 흔히 줄여서 '안아키'라고 부른다. 지금은 회원만 접속 가능한 거의 폐쇄 상태이지만, 절정기에는 회원 수가 자그마치 6만 명에 달했다고 한다.

'안아키'에서 강조하는 것은 자연 치유다. 아픈 아이를 병원에 데려가지 말고 자연적으로 치유시켜야 한다는 것이다. 이들은 '아이는 아파야 건강해진다'는 속설을 믿는다. 그러나 어린아이는 면역 체계가 제대로 형성되지 않으면 계속 아프게 되고, 고통과 후유증은 아이의 신체와 정신에 모두 부작용을 미친다. 따라서 '안아키'에서 주장하는 자연 치유는 백신이 개발되기 전인 19세기의 의학 수준으로 되돌아가는 것이나 마찬가지다. 당시 영유아 사망률은 무려 30퍼센트에 달했다.

'안아키'에서는 부모들이 백신 예방접종을 불신하도록 했다. 병에 걸린 아이를 방치하면 자연적으로 치유된다고 주장했기 때문이다. 아이들을 좀 더 효과적으로 치료할 새로운 방법을 권했다. 하지만 전혀 검증되지 않은 아주 위험한 방법들이었는데, 대표적인 예로 숯가루 먹이기나 수두 파티 등을 들 수 있다.

일반적으로 숯가루에는 박테리아나 바이러스를 흡착하는 기능이 있는 것으로 알려져 있다. 만성 신부전 치료제로도 사용되는데, 최근에는 캡슐 형태로 개발되기도 했다. 이는 신부전증 진행을 억제하고 신장을 통해 소변으로 노폐물을 배설하지 못하는 증상을 완화하기 위해 사용하는 것이다. 그런데 '안아키'에서는 어린아이에게 숯가루를 먹이거나 아이가 거부할 경우 꿀에 타서 먹이기도 한다. 12개월 미만의 어린아이에게 꿀을 먹이면 영아 보툴리누스 증후군에 걸릴 수 있다. 이는 치사율이 99퍼센트에 달하는 불치병이다.

수두 파티에서는 수두에 걸린 아이와 걸리지 않은 아이를 함께 놀게 한다. 이를 통해 자연스럽게 면역력이 형성된다는 것이 핵심이다.

'안아키'는 자연적으로 형성된 면역력은 평생 지속되는 반면, 백신을 통한 면역력은 인공적으로 형성된 것이어서 지속 기간이 몇 년 되지 않는다고 주장한다. 물론 입증할 수 있는 과학적·의학적 근거는 전혀 없다. 더욱이 수두 백신은 생백신이기 때문에 인공 면역이 아니고, 실제로 수두에 걸려 심하게 앓거나 사망할 가능성은 현저히 낮다.

문제는 이러한 약이나 치료 방법을 상당히 고가에 판매했다는 것이다. 이들이 강조하는 것처럼 '안아키'가 목적이 아니라 금전 갈취가 실제 목적이었다는 사실이 분명히 드러난다. 이들이 판매하는 약이나 제시하는 치료 방법은 대부분 효능이 없었고 과학적으로도 검증되지 않았다. '안아키'는 백신 접종을 받은 아이는 약에 찌들고 민간요법 및 자연 치유를 선택한 아이는 건강하고 튼튼하다고 포장했다. 이들도 백신 반대론자들이라 할 수 있다.

결국 '안아키' 인터넷 카페 운영자는 한의사 면허가 취소되었다. 카페도 폐쇄되었다. 식품위생법 위반으로 고소를 당하기도 했다. '안아키' 사태는 백신 반대 운동이 우리 사회에 얼마나 치명적인 위협을 가하는지 보여주는 대표적인 사례다. 백신 접종을 반대함으로써 결국 백신 접종을 받지 않은 수많은 아이를 위험에 노출시켰기 때문이다.

백신 접종을 반대하는 사람들은 백신 성분에 우려를 제기한다. 메탄올을 산화시켜 얻는 포름알데히드CH_2O는 백신에 사용되는 바이러스나 박테리아의 독소를 비활성화시키는 데 사용한다. 물론 아주 적은 양이나 농도로 사용한다. 하지만 이러한 사실을 둘러싸고 일부 사람들은 포름알데히드가 인체 건강에 해를 끼칠 수 있다고 걱정한다. 과학자들에 따르면, 백신에는 아주 적은 양의 포름알데히드가 잔류할 수 있지만 건강을 해칠 정도의 수치는 아니다. 인체는 자연적으로 포름알데히드를 생산하는데, 백신에 존재하는 가장 많은 양의 포름알데히드보다 무려 50~70배 이상 많다.

또 다른 사람들은 백신 접종이 개인의 권리라고 주장한다. 그러나 백신 반대는 단순히 개인의 권리가 아니다. 집단 면역을 감소시키기 때문에 백신 접종을 받은 사람을 포함해 공동체와 국가 전체 인구의 질병 발생 위험이 증가한다. 그러므로 백신 접종은 개인을 넘어 전체 사회의 면역력을 강화하는 데 무엇보다도 필수적이다. 많은 사람이 백신 예방접종을 받으면 집단 면역이 효과를 발휘해 나이가 너무 어리거나 많아서 면역력이 약하거나, 백신 성분에 심각한 알레르기가 있어 백신 접종이 어려운 사람들에서 발생할 수 있는 질병 발생 위험성도 감소하게 된다.

WHO는 공중보건을 환경 위생을 개선하고, 전염병을 예방하며, 개인위생 원리에 기초를 둔 위생 교육 및 질병의 조기 진단과 예방적 치료를 위한 의료 및 간호 업무의 조직화라고 정의한다. 나아가 지역사회의 모든 주민이 건강을 유지하기 위해 충분한 생활수준을 보장하는 사회 기구의 발전을 목표로 삼고, 이를 통해 질병을 예방하고 생명을 연장하며 건강과 인간의 능률을 증진하는 과학 및 기술이라고 정의한다. 이러한 점에서 백신 접종은 공중보건의 가장 필수적인 항목이라 할 수 있다.

3. 코로나바이러스 감염증과 현대사회의 백신

　지금 전 세계는 치명적인 유행성 전염병이 확산되고 있다. 지난 2019년 2월, 중국 후베이성湖北省 우한武漢에서 집단 폐렴이 발생했다. 처음에는 질병의 원인을 알 수 없었지만, 2020년 1월 9일 WHO는 폐렴의 원인이 새로운 유형의 코로나바이러스Coronavirus라고 밝혔다. 코로나바이러스는 사람에게 감기를 유발하는 바이러스 가운데 하나다. 전자현미경을 통해 바이러스 표면의 돌출부가 관찰되었고, 이 모양이 마치 왕관처럼 생겨 라틴어로 왕관을 의미하는 '코로나'라는 이름이 붙었다.

　코로나바이러스는 종이 다양하고 바이러스의 특성이나 숙주에 따

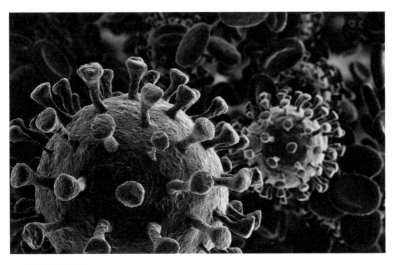

■ **코로나바이러스**
감기를 유발하는 3대 바이러스 가운데 하나로 2020년 2월부터 전 세계적인 유행성 전염병을 유발하고 있다.

라 호흡기 및 소화기 감염병을 유발한다. 이미 1930년대에 닭에서 코로나바이러스가 발견되었으며, 돼지나 고양이, 소 등의 동물에서도 코로나바이러스가 발견되었다. 그래서 전문가들은 가축에서 발생하는 호흡기 및 소화기 감염병의 주된 원인을 코로나바이러스로 생각하고 있다.

2002년 11월에 사스^{SARS}가 중국 광둥성^{廣東省} 허위엔^{河源}에서 처음 발견된 이후 전 세계적으로 유행했다. 이 전염병은 섭씨 38도 이상의 고열이 발생하면서 폐렴이나 호흡 곤란을 유발했다. WHO에 따르면, 당시 8,096명의 사람들이 사스에 감염되었고, 이 가운데 744명이 사망했다. 치사율이 약 9~10퍼센트인 셈이다. 사스도 코로나바이러스의 변종인 사스-코로나바이러스$^{SARS-CoV}$가 원인이다.

2012년 9월에 사우디아라비아에서 발생한 중동호흡기증후군, 이른바 메르스MERS의 원인도 코로나바이러스의 변종이다. 즉, 메르스-코로나바이러스MERS-CoV 때문에 발생한다. 비말을 통해 감염되는 메르스는 급성 호흡기 질환을 유발한다. 특히 합병증으로 폐렴이나 급성 신부전증이 발생하는 경우가 많다. 아이러니하게도 당시 우리나라의 감염자 및 사망자 수는 세계 2위였고 치사율은 20퍼센트 이상이었다.

이처럼 21세기 이후 전 지구적으로 치명적인 영향을 미친 유행성 전염병의 원인이 코로나바이러스인 경우가 많다. 코로나바이러스는 숙주에 따라 알파, 베타, 델타, 감마 네 가지 속(屬)으로 구분될 수 있다. 주로 사람이나 고양이, 돼지, 소, 박쥐 등 포유류에서 발견되는 코로나바이러스는 알파 또는 베타 속에 해당되는 것으로 알려져 있다.

사람의 코로나바이러스에는 크게 네 종류가 있는데, HCoV-OC43, HCoV-229E, HCoV-NL63, HCoV-HKU1이다. 이 중 HCoV-OC43, HCoV-229E는 전체 호흡기 감염증의 30퍼센트 정도를 차지한다. 전문가들에 따르면, 일반적으로 코로나바이러스 감염증은 겨울부터 초봄에 걸쳐 발생하고, 영유아와 노인, 폐 질환이 있는 환자들 사이에서는 심각한 폐렴을 유발할 수 있다. HCoV-NL63과 HCoV-HKU1도 호흡기 감염의 약 10퍼센트를 차지한다. 이러한 점에서 코로나바이러스는 매우 빈번하게 발생하는 호흡기 감염증의 원인이라 할 수 있다.

그렇다면 이렇게 빈번하게 발생하는 코로나바이러스는 왜 급속하게 확산되었을까? WHO에 따르면, 현재 코로나19가 발생한 국가는 전 세계적으로 총 216개국이며, 확진자는 모두 28,040,8539명이다(2020년 10월 27일 기준). 코로나19에 감염되면 2~14일 정도 잠복기

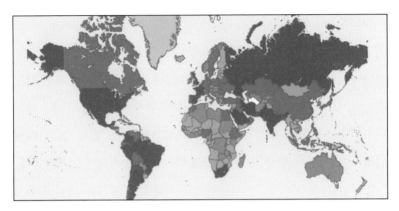

■ **코로나19 지도**
코로나19는 전 세계로 퍼져나가 역사상 세 번째 '팬데믹'으로 선포되었다. 지도의 색이 진할수록
해당 국가의 코로나19 확진자 수가 상대적으로 많은 것이다(출처: 코리아 헤럴드).

를 거친 후 열이나 기침, 폐렴 등의 증상이 나타나는데, 드물게 아무
런 증상이 나타나지 않는 환자도 있다.

처음 코로나19가 발생했을 때는 야생동물에서 사람으로 전파된 것
으로 추정했다. 하지만 2020년 1월 20일에 중국 정부는 우한 의료진
15명이 확진 판정을 받았다고 공식적으로 밝혔다. 의료진의 확진 판
정을 통해 사람 간 감염이 가능하다는 사실이 입증되었다. 글로벌 네
트워크의 발달과 더불어 수많은 사람이 접촉하게 되면서 코로나바이
러스도 급속하게 확산될 수밖에 없었고 이후 확진자는 급증하기 시작
했다.

전문가들에 따르면, 유전체를 비교 분석했을 때 코로나19를 유발하
는 바이러스는 박쥐에서 유래하는 사스 유사 코로나바이러스[Bat SARS-
like coronavirus isolate bat−SL−CoVZC45]와 가장 높은 염기서열 상동성(약 89퍼센
트)을 보였다. 하지만 일반적으로 발생하는 사람 코로나바이러스 네

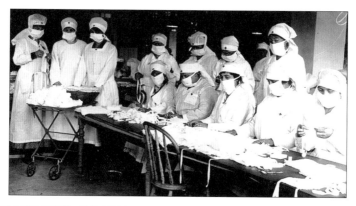

■ **마스크를 준비하는 적십자 본부**
1918년 10월 25일, 샌프란시스코에서 '마스크 조례'가 통과된 이후 적십자에서는 마스크를 준비해 시민들에게 나누어주었다.

종과는 상동성이 40~43퍼센트 정도에 지나지 않았다. 결국 사람 코로나바이러스의 변종이라는 사실을 알 수 있다. 따라서 일상적으로 발생하는 호흡기 감염증과는 달리 치명적인 영향을 미치게 된 것이다. 2020년 10월 27일까지 집계된 코로나19 사망자 수는 전 세계적으로 115만 명 이상이다.

2020년 10월 말 현재, 전 세계적으로 코로나19 확진자가 가장 많이 발생한 국가는 바로 미국이다. 약 850만 명 이상의 확진자가 발생했고, 이 가운데 실질 확진자 수는 490만 명 이상이다. 실질 확진자는 총 확진자 수에서 사망자 수와 완치자 수를 뺀 것이다. 인도는 두 번째로 코로나19 확진자 수가 많은데, 440만 명 정도이다. 처음 코로나19가 발생했던 중국은 8만 5,000명 정도다. 이 가운데 사망률이 가장 높은 국가는 예멘이다. 총 확진자 수는 2,000명으로 비교적 적지만 사망률은 29퍼센트 이상이다. 그다음으로 사망률이 높은 국가는 멕시코로

10퍼센트 이상이다. 우리나라의 경우 확진자는 2만 6,000명 이상이고 사망자 수는 460명이다. 하지만 매일 100명가량의 신규 확진자가 발생하고 있다.

2020년 3월 11일, WHO는 코로나19에 대해 '팬데믹'을 선포했다. 팬데믹은 세계적으로 전염병이 유행하는 최고 단계를 의미한다. 지금까지 WHO가 팬데믹을 선언한 경우는 총 세 차례였다. 흔히 '홍콩 독감'이라고 부르는 1968년 인플루엔자와 2009년 신종 인플루엔자(줄여서 신종플루), 그리고 이번에 유행하고 있는 코로나19다. 1968년 인플루엔자는 인플루엔자바이러스 A형의 아형 H_3N_2가 변이를 일으켜 발생한 것으로 전 세계적으로 100만 명 이상이 사망했다. 2009년 신종플루의 경우, 인플루엔자바이러스 A형의 아형인 H_1N_1이 변이를 일으켰다. 당시 약 1만 8,000명의 사망자가 발생했다.

그렇다면 이처럼 치명적인 유행성 전염병을 예방할 수 있는 방법은 무엇일까? 예방법은 여러 차원에서 시행될 수 있다. 우선 개인적 차원에서 시행할 수 있는 방법은 위생을 철저히 하는 것이다. 사람이 많이 모이는 곳을 피하고, 외출한 다음에는 손을 깨끗하게 씻어야 한다. 재채기할 경우에는 화장지로 입과 코를 가려 비말 감염을 막고 화장지를 버린 뒤에도 손을 씻는다.

또 다른 방법은 마스크 착용이다. 전문가들에 따르면, 올바른 마스크 착용만으로도 코로나19처럼 치명적인 유행성 전염병을 상당 부분 예방할 수 있다. 최근 중국의 한 대학에서 발표한 연구 결과에 따르면, N95 마스크를 착용한 경우 바이러스의 약 99퍼센트를 차단할 수 있다고 한다. N95는 공기 중에 떠다니는 1마이크로미터 이상의 미세 과립을 95퍼센트 이상 걸러준다는 뜻이다. 뿐만 아니라 대부분의 마스크도 95퍼센트 이상 바이러스를 차단하는 것으로 나타났다.

사실 치명적인 유행성 전염병이 발생했을 때 마스크를 착용하는 것은 비단 코로나19에만 적용되는 일이 아니다. 20세기에 가장 치명적인 유행성 전염병은 '1918년 인플루엔자'였다. 전 세계적으로 약 5억 명이 감염된 것으로 추정되는데, 이는 당시 세계 인구의 약 3분의 1에 해당하는 수치다. 미국에서만 65만 명, 전 세계적으로 6,000만 명 이상이 사망한 것으로 추정된다. 이토록 치명적인 '1918년 인플루엔자'는 인플루엔자바이러스 A형의 아형인 H_1N_1이 변이를 일으켜서 발생했다.

'1918년 인플루엔자'가 만연했을 때 미국은 제1차세계대전에 참전 중이었다. 따라서 전염병을 예방하고 통제하는 것보다 전쟁에서 승리하는 것이 더욱 중요한 국가적 사안이었다. 하지만 '1918년 인플루엔자'가 처음 발생한 곳이나 급속하게 확산된 곳은 대부분 군대였다. 특히 영유아층이나 노인층에서 사망률이 높은 인플루엔자와 달리 30~40대에서도 사망률이 높았다. 결국 치명적인 유행성 전염병을 통제하기 위해 여러 방안을 마련했는데, 이 가운데 하나가 마스크 착용이었다. 1918년 10월 25일, 샌프란시스코 보건국은 일명 '마스크 조례 Mask Ordinance'를 제정했다. 샌프란시스코 시민들이 공공장소에 있을 때는 식사 시간을 제외하고 늘 마스크를 착용하도록 한 것이다.

초기에는 약 80퍼센트 이상의 시민이 마스크를 착용했다. 하지만 착용의 번거로움과 사회적 불안감을 고조시킨다는 점에서 마스크 착용에 불만을 가진 사람들이 늘어나기 시작했다. 이들은 '마스크 착용 반대 연맹Anti-Mask League'을 형성했다. 당시 약 4,000~5,000명에 달한 회원들은 마스크 조례의 폐지를 요구했다. 많은 사람이 마스크의 효과에 의문을 제기했다. 그리고 시장 제임스 롤프James Rolph, Jr.을 지속적으로 위협했다. 결국 샌프란시스코는 1919년 2월 1일, 마스크 조례를 폐지하고 말았다. 비록 마스크 조례는 폐지되었지만, 20세기 초에도 마스크가 치명적인 유행성 전염병을 예방하는 데 효과적이라고 믿었다는 사실을 잘 보여주는 사건이다.

우리나라에서는 코로나19의 급속한 확산과 더불어 지난 2020년 5월부터 대중교통 내에서 마스크 착용이 의무화되었다. 하지만 여전히 버스나 지하철에서 마스크를 착용하지 않는 사람들이 있어 논란이 일고 있다. 페이스북이나 인스타를 비롯한 SNS에는 '마스크 민폐남(녀)' 혹은 '마스크 빌런'이라는 제목으로 마스크 미착용자를 향해 불편한 감정이나 비난이 쏟아진다. 심지어 마스크 착용 여부를 둘러싼 폭행 사건이 발생하기도 한다. 올바른 마스크 착용이 코로나19 확산 및 예방에 상당한 도움이 된다는 것을 분명하게 인식한다면, 이러한 논란이 더 이상 발생하지 않을 것이다.

최근 코로나19와 관련해 전 세계적으로 또 다른 논란거리가 되고 있는 것은 스푸트니크ᵛ이다. 러시아에서 개발한 코로나19 백신으로 공식명칭은 Gam-COVID-VacГам-КОВИД-Вак이다. 메르스 백신을 개량해 만든 이 백신은 과거 소련이 최초로 쏘아 올린 인공위성 스푸트니크의 이름을 붙였다. 이로써 러시아는 세계 최초로 코로나19 백신을 정식으로 승인한 국가가 되었다. 러시아의 공식 보도에 따르면, 검증 절차를 모두 거쳤고 블라디미르 푸틴 대통령의 딸도 백신을 접종받았다고 한다.

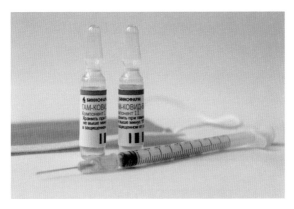

■ 스푸트니크V

러시아에서 개발한 코로나19 백신 스푸트니크V는 3차 시험을 거치지 않아 안정성이나 효과를 둘
러싸고 논란이 가속화되고 있다.

하지만 러시아에서 개발된 코로나19 백신의 안정성과 효능을 둘러
싸고 국제사회는 상당히 회의적인 반응을 보이고 있다. 러시아에서는
백신이 안정적이고 효과가 있다고 주장하지만, 3차 시험이 아예 시작
되지 않은 상태에서 백신을 등록했기 때문에 많은 국가에서는 우려를
표하고 있다. 모든 신약 개발 과정에서 가장 중요한 것은 철저한 임상
시험이다. 백신도 예외는 아니다. 특히 3차 시험은 접종 대상의 안정
성이나 부작용 등을 확인하기 위해서 반드시 필요한 단계인데, 이를
시행하지 않고 등록한다는 것은 그야말로 위험한 일이 아닐 수 없다.

러시아를 가장 신랄하게 비판하는 나라는 미국이다. 미국에서도 코
로나19 백신 개발에 속도를 내고 있기 때문이다. 현재 미국에서 개발
하고 있는 코로나19 백신은 두 종류다. 하나는 미국 바이오 기업 이노
비오에서 개발하고 있는 INO-4800으로 7월부터 우리나라에서 임상
시험이 시작되었다. 흥미로운 점은 이노비오의 설립자가 재미 한국인

이라는 사실이다.

또 다른 백신은 미국 백신 개발사인 모더나와 미국국립보건원 National Institute of Health, NIH 산하 미국국립알레르기전염병연구소National Institute of Allergy and Infectious Diseases, NIAID가 함께 개발하고 있는 mRNA-1273이다. 2020년 3월에 1차 시험에 들어갔고, 가을부터는 의료진을 대상으로 긴급 접종을 시행했고, 2021년 봄부터는 일반인을 대상으로 접종할 계획이다.

이처럼 코로나19 백신 개발에 집중하고 있던 미국의 입장에서 본다면, 3차 시험을 시행하지 않고 급하게 코로나19 백신을 등록한 러시아는 문젯거리가 아닐 수 없다. 미국 보건복지부 장관 알렉스 아자르Alex Azar는 "백신을 먼저 개발하는 것이 중요한 것이 아니라 안전하고 검증된 백신을 제공하는 것이 중요하다"며 러시아의 행동을 비판했다. 현재 모더나와 함께 코로나19 백신을 개발하고 있는 미국국립알레르기전염병연구소 소장 앤서니 파우치Anthony Fauci도 "러시아 백신의 안정성이나 효과에 상당한 의구심이 생긴다"고 입장을 밝혔다.

러시아 내에서도 코로나19 백신을 둘러싼 논란이 발생하고 있다. 여론 조사 결과, 러시아인들 사이에서도 백신을 접종받겠다는 사람들은 25퍼센트가 채 되지 않는다. 나머지 75퍼센트의 사람들은 너무 짧은 기간 동안 백신이 개발되었기 때문에 백신의 안정성이나 효능에 관한 자료가 충분하지 않다고 생각한다. 하지만 논란에도 불구하고, 스푸트니크V를 수용하겠다는 국가들도 있다. 필리핀 로드리고 두테르테 대통령은 러시아를 믿기 때문에 백신을 수용하겠다고 밝혔다. 세르비아나 브라질의 일부 주州에서도 러시아 백신을 지지하고 있다.

현재까지는 코로나19를 치료할 수 있는 치료제나 백신이 없다. 따라서 코로나19 환자로 확진 판정을 받으면, 주요 증상에 따른 2차 진료가 시행되고 있는 상황이다. 대부분이 항생제 투여다. 일부 환자들은 항바이러스제를 투여하지 않아도 자가면역으로 치유되는 경우가 있다고 한다. 하지만 증상이 호전된 뒤에도 무증상으로 코로나19 바이러스가 3~4주 이상 지속되는 경우가 있기 때문에 자가 격리를 비롯해 철저한 예방이 필요하다.

백신 접종을 반대하는 사람들은 코로나19 백신도 부정적으로 본다. 마스크 착용을 거부하고 '사회적 거리 두기'에 반대하는 사람들은 나아가 국가가 강제 백신 접종을 시행하려 한다고 믿는다. 백신 부작용 때문에 많은 사람이 사망했다고 생각한다. 현재 아무런 증상이 없는 신체에 백신을 통해 인위적으로 균을 주입할 필요가 없다고 주장하는 것이다.

그러나 우리는 인류 역사 속에서 치명적인 영향을 미친 유행성 전염병이 백신 접종을 통해 통제되고 예방될 수 있음을 알고 있다. 천연두에서 시작해 광견병이나 결핵, 소아마비, 홍역 등 다양한 유행성 전염병에서도 백신은 효과가 있었다. 백신 예방접종이 증가하면 전염병은 종식되었다. 따라서 무엇보다 중요한 것은 현대사회에서 백신의 필요성과 효과를 올바르게 알리는 것이다.

『이상한 나라의 앨리스』 저자인 루이스 캐럴Lewis Carroll은 원래는 수학자였는데 어린이를 위한 동화를 썼다. 『이상한 나라의 앨리스』에는 당시 유행하던 농담이나 패러디, 동음이의어를 사용한 말장난, 시대에 대한 풍자 등이 난무하다. 이 책을 재미있게 읽은 빅토리아Victoria 여

■ 『거울 나라의 앨리스』에 등장하는 붉은 여왕
'붉은 여왕의 가설'은 인간과 바이러스 사이의 공진화를 잘 보여주는 단적인 예라 할 수 있다.

왕이 그의 나머지 저서도 읽고 싶다고 전하자 수학책과 논문을 보냈다는 이야기는 상당히 유명하다.

캐럴이 『이상한 나라의 앨리스』 속편으로 집필한 것은 『거울 나라의 앨리스』다. 여기에는 매우 유명한 일화가 등장한다. 앨리스가 붉은 여왕과 함께 계속 나무 아래에서 달리다가 그녀에게 나무를 벗어나지 못하는 이유를 묻는다. 그러자 붉은 여왕은 이렇게 대답한다. "여기에서는 힘껏 달리면 제자리야. 나무를 벗어나려면 지금보다 두 배는 더 빨리 달려야 해." 거울 나라는 사물이 움직이면 다른 사물도 그만큼의 속도로 따라서 움직이는 나라였다.

1973년 미국 진화생물학자 밴 베일런Leigh Van Valen은 '붉은 여왕의 가설'이라는 새로운 가설을 제시했다. 그는 지금까지 지구에 존재한 생명체 가운데 많게는 99퍼센트가 멸종했다고 주장했다. 이는 적자생존의 환경 속에서 다른 생명체보다 상대적으로 진화 속도가 느린 생명체였다. 다시 말해, 진화 속도가 느린 생명체는 다른 생명체보다 빨리 멸종한다는 것이다.

붉은 여왕의 가설은 공진화coevolution의 핵심을 잘 보여준다. 공진화는 서로 밀접한 관련성을 가지는 두 개 이상의 종이 상대 종의 진화에 서로 영향을 미치면서 진화하는 것을 의미한다. 1964년 미국 생물학자 폴 에리히Paul R. Ehrlich와 피터 라벤Peter H. Raven이 처음 사용했다. 붉은 여왕이 달리기를 중단하면 다른 종도 멸종한다는 것이다.

백신 개발은 어떤 의미에서 공진화의 역사를 잘 보여준다. 사람에게 치명적인 영향을 미치는 유행성 전염병의 확산을 막고, 이를 예방하기 위해 개발된 백신 덕분에 수많은 사람이 목숨을 구할 수 있었다. 그러나 백신을 접종하지 않는 사람이 증가함에 따라 사라졌다고 생각한 유행성 전염병이 다시 등장했다. 최근 다시 등장한 홍역이 대표적인 예다. 더욱이 코로나19처럼 바이러스 변이가 발생하면서 백신 개발은 다시 한번 필요성이 커지고 있다.

이러한 상황 속에서 무엇보다도 백신 접종의 필요성과 효과를 분명하게 설명해야 한다. 인터넷의 수많은 웹사이트에는 백신과 관련해 잘못된 정보가 난무한다. 따라서 어떤 정보를 신뢰할지 결정하는 것이 매우 중요하다. 백신과 관련해 어떤 정보를 얻는지에 따라 백신을 접종할 것인지, 아니면 접종하지 않을 것인지 결정하는 경우가 많기 때문이다. 이런 경우에는 전문가의 자문이나 지원을 받는 것이 가장 정확하다.

더불어 백신 예방접종이 지니는 장점을 잘 알려야 한다. 흔히 백신 반대 운동에 참여하는 사람들은 정부가 개인의 자유를 침해한다고 주장한다. 하지만 최근 코로나19 사태에서 볼 수 있는 것처럼 개인의 자유와 사회·국가의 공중보건은 밀접한 관련성을 지니고 있으면서 동전의 양면과도 같다. 그 결과, 백신 접종을 둘러싼 논란이 발생한다.

백신 접종은 결과적으로 윤리적 판단의 문제와도 연결된다. 집단면역을 통해 공중보건을 향상시키려면 무엇보다도 백신 접종이 중요하기 때문이다. 개인의 자유를 위해 백신 접종을 거부했을 때, 이런 사람들이 영유아나 노인처럼 면역 체계가 약한 사람들에게 유행성 전염병을 확산시킬 가능성은 상당히 높다. 결국 백신 접종을 받지 않은 사람 때문에 다른 사람이 피해를 입는 경우가 발생할 수도 있다.

1796년 에드워드 제너Edward Jenner가 첫 우두 접종을 시행한 이후 지금까지 백신은 계속 논란의 대상이 되었다. 하지만 분명한 사실은 백신 덕분에 치명적인 유행성 전염병이 감소하고 수많은 사람이 목숨을 구할 수 있었다는 것이다. 2020년을 휩쓴 코로나19를 효과적으로 예방하기 위해 가장 필요한 것도 백신이다. 더욱이 현대사회는 과거의 어떤 사회보다 급속하게 변화하고 있다. 공진화 속도도 더욱 빠르다. 이러한 점에서 현대사회의 백신은 다른 어느 시대보다도 절실하다고 할 수 있다.

6가지 백신이 세계사를 바꾸었다

펴낸날	초판 1쇄 2020년 11월 27일

지은이	김서형
펴낸이	심만수
펴낸곳	(주)살림출판사
출판등록	1989년 11월 1일 제9-210호

주소	경기도 파주시 광인사길 30
전화	031-955-1350 팩스 031-624-1356
홈페이지	http://www.sallimbooks.com
이메일	book@sallimbooks.com

ISBN   978-89-522-4260-0   03900